AF360433

VIES
DE QUELQUES
SAINTS
CHOISIS,

TRADUITES PAR M. D'ANDILLY.

La Vie de S. Ignace, Martyr & Evesque d'Antioche : Avec ses Epistres.

L'Histoire des premiers Martyrs de Lyon & de Vienne.

La Conversion & le Martyre de Sainte Afre, & ses Compagnes.

La Vie de S. Marcel, Evesque & Patron de Paris.

La Vie de Sainte Geneviéve, Vierge & Patrone de Paris.

La Vie de Saint Goar Prestre.

La Vie de S. Sigebert III. Roy de France

La Vie de Saint Cyran Abbé.

L'Histoire de Sainte Sophie, fille de Bela Roy de Hongrie

La Vie de S. Eustache Martyr & Patron de Paris.

A PARIS,

Chez Antoine Dezallier, ruë S Jacques, à la Couronne d'or.

M. DC. LXXX.

Avec Privilege du Roy.

TABLE

DE CE QVI EST CONTENV

EN CE LIVRE.

A Vie de S. Ignace Mar-
tyr, & Eveſque d'An-
tioche.

*Avant-propos, où l'on rap-
porte quelques inſignes eloges que les
anciens Peres ont donné à S. Ignace.
La Vie de S. Ignace Martyr & Eveſque d'Antioche.*

LIVRE PREMIER.

De ſon Pontificat.

CHAP. I. *De ſon nom de Theophore.
Qu'il a eſté diſciple des Apoſtres,*

ã ij

Table

Table

LIVRE III.

De son Martyre.

ã iiij

Table

ã v

Table

Table

Chap. I. *Illustre naissance du Saint.
Ses grands emplois. Vision qu'il*

LA VIE DE S. IGNACE MARTYR, ET EVESQVE D'ANTIOCHE.

Avec ses Epiſtres.

AVANT-

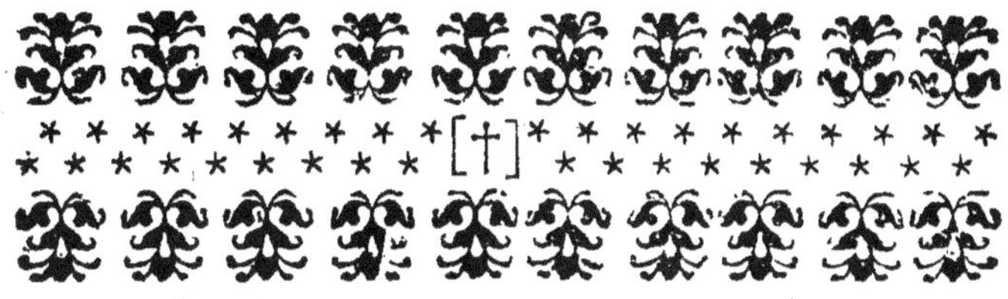

AVANT-PROPOS,

OV L'ON RAPPORTE
quelques infignes Eloges
que les anciens Peres ont
donné à faint Ignace.

Omme faint Ignace Evefque
d'Antioche & Martyr, eft le
plus ancien des Peres de l'E-
glife qui ont écrit depuis les Apoftres,
ayant converfé avec eux, & éclaté
entre les plus fameux Difciples, felon
que le témoigne toute l'Antiquité Ecclefiaftique; ç'a efté auffi le plus illuftre de tous, & le plus reveré dans
les premiers fiecles.

Saint Polycarpe homme Apoftolique, & Auditeur avec luy de faint

A

AVANT-PROPOS.

Iean Evangeliste & Apoſtre, écri-
vant aux Philippiens dans cette let-
tre que les Peres ont loüée, & que la
providence de Dieu a conſervée juſ-
qu'à noſtre ſiecle, leur a relevé le me-
rite de ce Saint qui venoit de paſſer
par leur Ville pour aller à Rome ſouf-
frir le martyre, en leur diſant : Pratiquez la juſtice & la patience que
vous auez veuë vous-meſmes de
l'œil de voſtre foy, dans les tres-
heureux Ignace, Soſime & Ruffe.

Il eut le ſoin encore de leur envoyer
leurs lettres. Je vous envoye, *dit-il,*
les lettres d'Ignace qu'il m'a envoyées, & tous les autres que j'avois
entre mes mains ; vous les trouverez
aprés cette lettre, comme vous l'a-
vez deſiré, & vous en pourrez recevoir vn grand profit. Car elles contiennent la foy & la patience qu'on
doit avoir, & tout ce qu'il y a de plus
édifiant dans la vertu Chrétienne.

Saint Irenée Archeveſque de Lion,

AVANT-PROPOS.

qui a fleuri dans le second siecle , cite
de lui cette excellente parole que ce
Saint a écrite dans la lettre aux Romains vn peu avant son martyre. Vn
des nostres, *dit ce Pere* , qui avoit esté
condamné aux bestes pour la foy du
vray Dieu qu'il avoit confessée publiquement, a dit qu'il estoit le froment de CHRIST qui devoit estre
moulu par les dents des bestes pour
devenir le pain pur du Seigneur.

Origene qui a fleury un peu aprés
luy, en cite un autre avec éloge.

Eusebe Evesque de Cesarée, dit que
jusques au temps auquel il vivoit, qui
estoit celuy du grand Constantin , ce
Saint avoit esté honoré des loüanges
de plusieurs dans l'Eglise , & avoit
esté le second successeur de saint Pierre
dans l'Evesché d'Antioche.

Le grand saint Athanase au mesme siecle d'Eusebe , qui estoit le quatriéme, produit contre l'impieté Ar-
rienne , cet ancien & fameux defen-

A ij

seur de la diuinité de JESVS-CHRIST. Ignace, *dit il*, établi Evesque d'Antioche aprés les Apostres, & devenu Martyr de JESVS-CHRIST, a écrit du Seigneur : Il n'y a qu'un Medecin qui a eu une veritable chair & une ame veritable; qui a esté engendré & non engendré ; qui estoit Dieu dans l'humanité, la veritable vie dans la mort mesme, & tout ensemble fils de Marie & fils de Dieu.

Saint Jerôme dans son Livre des Ecrivains Ecclesiastiques, aprés avoir marqué les lettres que ce Saint avoit écrites, touché de respect pour un si grand personnage, comme il dit luy-mesme, en rapporte douze ou quinze lignes veritablement admirables & dignes d'un Disciple des Apostres, & mesme des plus grands Apostres, où il exprime son ardeur pour le martyre.

Saint Chrysostome comme Prestre d'Antioche, dont ce Saint a esté

AVANT-PROPOS.

Evesque, a surpaßé tous les autres Peres dans les Eloges qu'il luy a donnez, en vne illustre homelie que nous avons traduite, où il releve par des reflexions dignes de son eminent esprit & de sa haute eloquence, l'Episcopat de ce Saint, & son martyre. C'est à dire les plus memorables actions & les parties les plus divines & les plus éclatantes de sa vie.

Enfin Theodoret Evesque de Cyr defendant le mystere de l'Incarnation du Fils de Dieu contre vn heretique de son temps, luy dit : Je vous produiray vn bien-heureux & tres-saint Docteur de l'Eglise, qui vous dira son sentiment touchant l'Incarnatiõ, afin que vous sçachiez ce qu'il a crû de la nature humaine que le Fils de Dieu a prise pour venir sauver les hommes ; je veux dire saint Ignace qui est trop celebre pour n'estre pas connu de vous, qui receut la grace du Pontificat de la main du grand

AVANT-PROPOS.

ſaint Pierre, & qui aprés avoir gouverné l'Egliſe d'Antioche, a eſté honoré de la couronne du martyre. *Et il rapporte enſuite divers paſſages de ce Saint tirez de quatre de ſes lettres.*

Ces inſignes Eloges obligent à rechercher dans les archives de l'hiſtoire Eccleſiaſtique ce qui ſe trouve de certain & de veritable de la vie, de l'eſprit, & des rares vertus d'vn ſi grand homme qui a eſté l'ornement de l'Egliſe Orientale où il a vécu, & l'admiration de l'Occidentale où il eſt mort; & de rejetter les fauſſes hiſtoires que les Grecs poſterieurs ont inventées; afin que le menſonge & la fiction n'aye point d'accez dans la vie d'un Saint qui n'aime que la verité, & qui eſt mort pour la verité.

LA VIE
DES.IGNACE
MARTYR,
ET
EVESQVE D'ANTIOCHE,

LIVRE PREMIER
De son Episcopat.

CHAPITRE PREMIER.

DE SON NOM DE THEO-phore: Qu'il a esté Disciple des Apo-stres, mais qu'il n'a pas veu JE-SVS-CHRIST.

IL est certain par les lettres & par les vrais & tres-anciens actes du martyre de saint Ignace, qu'il auoit encore vn autre nom, sçavoir celuy de Theophore, ces termes se voyant dans tous les titres de ses lettres qui sont authentiques & indubitables : Ignace aussi nommé Theophore.

Il se peut faire que ce nom de Theophore, qui signifie Porte-Dieu, & qui par consequent est un nom d'honneur & un titre de loüange, a esté donné à ce Saint pour marquer sa pieté extraordinaire, puis que luy-mesme le donne aux Ephesiens pour marquer leur eminente vertu. Vous estes tous, leur dit-il, des Theophores ; c'est à dire, vous portez Dieu dans vos ames, & des Christophores, c'est à dire, vous portez JESVS-CHRIST en vostre cœur.

Mais on peut croire que si ç'avoit esté un titre d'honneur, sa profonde humilité qui reluit dans ses écrits, & qui est le charactere de ces temps Apostoliques, l'auroit empesché de le prendre à la teste de toutes ses lettres, dont il n'y en a pas une où il prenne seulement le titre d'Evesque.

Il y a donc sujet de croire que nostre Saint a eu le nom de Theophore, avant qu'il ait eu celuy d'Ignace, & qu'il les a voulu joindre tous deux ensemble aprés son Baptesme, parce qu'on le connoissoit par ces deux noms, & qu'écrivant à des

Eglises étrangers, il devoit se faire connoître à elles.

Cependant ce nom de Theophore a donné lieu aux Grecs d'inventer & de publier
une pretenduë tradition , selon laquelle on
tenoit sans aucune preuve, que saint Ignace estoit ce jeune enfant que Iesvs-Christ
prit entre ses bras , & mit au milieu des A-
postres, en leur disant ces belles paroles :
Si vous ne vous convertissez & ne devenez
comme de petits enfans, vous n'entrerez
point au Royaume des Cieux ; & que ce
nom de Theophore luy avoit esté donné,
à cause que Iesvs-Christ l'avoit
alors porté entre ses bras.

Mais la faussseté de cette tradition est
convaincuë par le témoignage irreprocha-
ble de saint Chrysostome, qui ayant esté
tres instruit de la vie de ce grand Saint,
parce qu'il estoit originaire & Prestre
d'Antioche, dont saint Ignace a esté Evesque, a écrit que ce Saint n'a jamais veu
Iesvs-Christ , mais seulement les
Apostres.

Il faut donc reconnoître avec ce Pere,
que saint Ignace n'avoit jamais veu Iesvs-
Christ. Il a esté converty & instruit par
les Apostres , & en particulier par saint
A v .

Iean l'Evangeliste, dont il a esté Disciple avec le grand saint Polycarpe, sans que l'on sçache formellement en quel temps est arrivée sa conversion, ny s'il estoit Iuif ou Payen ; quoy que ce dernier soit plus vray-semblable, parce qu'Antioche estoit pleine de Grecs & de Payens ; & que saint Polycarpe son compagnon & saint Iustin Martyr, quoiqu'ils fussent de Samarie, estoient tous deux Payens avant leur conversion.

Les Peres de l'Eglise, dit l'histoire d'Eusebe, ne nous ayant marqué aucune action particuliere de nostre Saint, qui se soit passée avant son Episcopat, il ne nous reste que d'estre assûrez que sa sainteté, sa sagesse & sa science estoient eminentes, puis qu'il a esté instruit par la plus grande lumiere qui alors éclairast le monde, sçavoir l'Apostre saint Jean, & qu'il a esté digne d'estre Evesque d'une des plus fameuses Eglises qui fussent dans la terre, sçavoir Antioche, tant par la dignité supréme des plus grands Apostres saint Pierre & saint Paul qui l'avoient fondée, que par cet honneur & cet avantage qu'elle a eu sur les autres Eglises Apostoliques, d'avoir esté la premiere où l'auguste nom de

Chreſtien ait eſté donné aux Diſciples de
J esvs-Christ, à cauſe que leur pieté, leur multitude, & le culte de cette Religion y eſtoit plus éclatant & plus remarquable que dans aucune autre.

Chapitre II.

SAINT IGNACE SVCCEDE
*à ſaint Evode premier ſucceſſeur
de ſaint Pierre dans l'Eveſché
d'Antioche, & eſt conſacré Eveſque par ſaint Pierre.*

Evsebe rapporte qu'en l'année quarante trois, aprés la naiſſance de noſtre Sauveur, dix ans ſeulement aprés ſa
mort, ſaint Pierre ayant le premier fondé
l'Egliſe d'Antioche, fut envoyé à Rome;
& que l'année ſuivante, ſçavoir quarante
quatre, Evode fut étably le premier Eveſque d'Antioche.

Il ſeroit à ſouhaiter qu'il euſt marqué un
peu plus particulierement quel eſtoit ce
ſaint Evode premier ſucceſſeur du premier
des Apoſtres, qui a eſté mis au nombre
des Martyrs dans le Menologe des Grecs
A vj

& le Martyrologe des Romains : mais il
n'en dit rien autre chofe, finon qu'aprés
avoir rapporté le martyre de faint Pierre
& de faint Paul en l'année foixante & neuf
de JESVS-CHRIST dans la perfecution
de Neron, il ajoûte qu'en cette année
faint Ignace fut établi fecond Evefque
d'Antioche ; marquant tacitement que
faint Evode fon predeceffeur mourut
alors.

Mais il y a tout fujet de croire que faint
Evode eftoit mort, & faint Ignace établi
fon fucceffeur quelques années avant le
martyre de faint Paul, puis que faint Chryfoftome & Theodoret tres-graves Auteurs, difent que faint Ignace a efté établi Evefque par faint Pierre mefme. Et
ces Peres font dautant plus croyables,
qu'un ancien Auteur, & qui a toûjours
vécu avec ces Grecs, dans fa Chronique
d'Antioche le confirme en ces termes :
Lors que faint Pierre s'en alla à Rome, il
paffa par la grande Ville d'Antioche, où
il trouva qu'Evode qui en eftoit Evefque
& Patriarche eftoit mort. Alors Ignace receut l'Epifcopat de cette grande Ville ;
l'Apoftre faint Pierre lui impofa les mains
en l'établiffant dans fon Siege. Et le Pape

Felix III. qui tenoit le Souverain Pontificat dans le cinquiéme fiecle, écrit à l'Empereur Zenon, que la main facrée de faint
Pierre avoit ordonné faint Ignace Evefque du fiege d'Antioche.

Ces autoritez font trop confiderables
pour laiffer fujet de douter que ce Saint
n'ait eu ce bon-heur infigne d'avoir efté
confacré Evefque par le Prince des Apoftres ; & qu'Eufebe ne fe foit trompé de
quelques années.

Ecoutons maintenant faint Chryfoftome touchant l'Epifcopat de cet homme
Apoftolique.

CHAPITRE III.

*PREMIERE PARTIE DE
l'homelie de faint Chryfoftome touchant l'Epifcopat de faint Ignace.*

COMME ceux qui cherchent les ban-
quets fomptueux & magnifiques en
font fouvent, & fe traittent les uns les autres, tant afin de faire paroiftre leurs richeffes, que de témoigner leur affection
à leurs amis : Auffi l'Eglife qui eft condui-

re & animée par la grace de l'Esprit, en celebrant les frequentes solemnitez des Martyrs qui se succedent les unes aux autres, nous presente des festins celestes & spirituels, tant pour nous découvrir les richesses qui luy sont propres, que pour nous faire connoistre le grand amour que Dieu porte à ceux qu'il aime.

Hier la jeune & bien-heureuse Vierge & Martyre Pelagie nous servoit des mets tres-delicieux & tres-agreables, & aujourd'huy le saint & genereux Martyr Ignace nous en presente à son tour qui ne sont pas moins excellens. Les personnes sont differentes, mais la table est toûjours la mesme; les actions sont diverses, mais la Couronne n'est qu'une; les travaux sont tous dissemblables, mais la recompense est toute pareille.

Dans les guerres exterieures le combat n'est propre qu'aux hommes, à cause que l'honneur de la victoire depend de la force du corps : mais dans les guerres interieures le champ de bataille est ouvert à l'un & à l'autre sexe; parce que la force de l'ame donne elle seule la gloire du triomphe. Il s'y trouve de part & dautre grand nombre de combattans. Les hommes ne sont

pas les seuls qui font paroistre leur valeur,
de peur que les femmes ne semblent avoir
un raisonnable pretexte de s'excuser sur la
foiblesse de leur nature : & les femmes ne
sont pas les seules qui y signalent leur courage, de peur que les hommes n'eussent
un veritable sujet de rougir de la lascheté
de leur cœur dans la vigueur de leur sexe.
Mais il se trouve des deux costez plusieurs
personnes victorieuses, & plusieurs personnes couronnées.

Considerez, je vous prie, l'excellence
de ce Saint dont nous parlons. Il a gouverné nostre Eglise aussi genereusement, &
avec autant de soin que JESVS-CHRIST
en demande, puis que cet admirable Prelat a accompli par ses actions la perfection
souveraine que JESVS-CHRIST a pres-
crite aux Evesques par ses precepres & par
ses regles. Car ayant oüi que le Fils de
Dieu dit dans l'Evangile, qu'un bon Pasteur donne sa vie pour ses Brebis, il a pro-
digué la sienne pour son peuple avec une
constance toute heroïque. Il a conversé
familierement avec les Apostres, & a
puisé les connoissances spirituelles dans
ces fontaines sacrées. Jugez donc quel de-
uoit estre celuy qui a esté élevé par ces

grands hommes, qui a ſçeu parfaitement
ce qu'ils ont donné, & n'ont pas donné
par tradition, & qui a eſté jugé digne d'u-
ne ſi grande principauté dans l'Egliſe par
ces premiers Princes de l'Egliſe.

Mais depuis il arriva un temps de troubles & de perſecutions où il eſtoit beſoin
d'un courage maſle & d'un eſprit genereux qui mépriſât toutes les choſes preſentes, qui bruſlât de l'amour divin, & qui
preferât les biens inviſibles aux biens viſibles. Ce fut alors qu'il ſe dépoüilla auſſi
facilement de ſon corps, que tout autre ſe
fût dépouïllé de ſon habit.

Quelle ſera donc la premiere choſe que
nous repreſenterons ? Sera-ce la doctrine
des Apoſtres qu'il a toûjours annoncée, ou
le mépris de la vie preſente qu'il a témoigné, ou l'excellence de la vertu avec laquelle il a gouverné l'Egliſe ? Par où com-
mencerons-nous à le loüer ? Sera-ce comme Martyr, ou comme Eveſque, ou comme Apoſtre. L'eſprit de grace ayant environné ſa teſte ſainte de cette triple couronne qui fut encore multipliée en pluſieurs manieres? Nous luy donnerons donc
d'abord les loüanges qui luy ſont deuës à
cauſe de l'Epiſcopat.

Il ne faut pas croire que cette couronne
foit feule. Elle ne l'eft nullement ; mais
elle en enferme avec elle deux ou trois autres. Car je n'admire pas ce feruiteur de
Jesvs-Christ feulement parce qu'on
l'a jugé digne d'un fi haut degré d'honneur,
mais encore de ce qu'il a obtenu cette dignité de ces grands Saints, & de ce que les
mains du bien-heureux Apoftre ont touché fa tefte facrée. Je ne m'étonne pas auffi
qu'il ait receu de grandes graces du Ciel,
& qu'il fe foit fait en luy une abondante
effufion de l'Efprit faint : mais qu'il ait eu
toutes les vertus qui peuvent eftre dans les
hommes, ainfi que je le vas faire voir.

Saint Paul écrivant à Tite (quand je dis
faint Paul, j'entens toute la troupe des
Apoftres ; parce qu'ainfi que dans une harpe, quoiqu'il y ait plufieurs cordes, elles
ne forment toutefois qu'une mefme harmonie : de mefme auffi quoique dans le
chœur des Apoftres, il s'y trouve plufieurs
perfonnes, ils n'ont tous qu'une doctrine, dautant que le faint Efprit feul en eft
l'Auteur, & que c'eft luy qui les meut &
les anime, felon que faint Paul le declare
par ces paroles : Soit que ce foit eux qui
vous parlent, foit que ce foit moy, nous

ne vous annonçons que la verité.)

Le Docteur des nations écrivant donc à
Tite, & luy enseignant quel doit estre celuy que l'on établit Evesque : Il faut, dit-
il, qu'un Evesque soit sans crime ; comme
estant le dispensateur des mysteres de Dieu ;
qu'il ne soit point altier, ny colere, ny sujet au vin, ny violent & outrageux, ny attaché au gain sordide ; mais qu'il exerce
charitablement l'hospitalité , qu'il aime
les gens de bien , qu'il soit sobre , juste,
saint, continent, & qu'il embrasse avec
ardeur la parole de la verité pour en instruire les fideles, & reprendre ceux qui y
contredisent.

Vous voyez quelle est la perfection de
la vertu necessaire à un Evesque. Car comme un excellent Peintre mesle diverses couleurs ensemble, pour en faire le portrait
d'un Roy, lequel il desire de representer ;
& qu'il employe toute l'industrire de son
art pour rendre sa peinture achevée ; afin
que ceux qui voudroient figurer le visage
de ce Prince, y trouvent ce qu'ils doivent
imiter : ainsi le divin Paul voulant tracer
comme une image royale qui pûst servir
d'un parfait modele , il mesle ensemble
plusieurs vertus qui sont autant de diffe-

rentes couleurs , dont il forme vn admirable tableau des eminentes qualitez que
doit avoir un Evesque , & il l'expose à la
veuë de tous , afin que ceux qui font élevez à cette sublime dignité , le regardent
comme un exemple , sur lequel ils doivent
regler toute leur conduite.

J'ose assûrer que l'esprit de saint Ignace
estoit une vivante & tres-parfaite copie
des vertus Episcopales , dont la main de ce
grand Apostre a tracé l'original. Car il a
esté irreprehensible & sans crime , il n'a
esté ni altier , ni colere , ni sujet au vin ,
ni violent, ni querelleur, ni interessé. Mais
il a esté juste , saint , continent , & il a em-
brasé avec ardeur la parole de la verité.
Il a esté sobre , prudent , grave , chaste , &
tout le reste de ce que saint Paul juge qui
doit se trouver dans les Pontifes de JESVS-
CHRIST.

Que si vous nous demandez quel témoin
nous en avons , nous vous répondrons que
nous n'en avons point d'autre que les mesmes qui ont prescrit ces regles , & qui ont
éleu ce Saint. Car ceux qui ont estimé
qu'il falloit apporter un si grand soin pour
discerner le merite des personnes qui doivent monter sur un thrône si élevé , au-

roient-ils agy avec negligence & indiscretion, s'ils n'eussent veu toutes ces vertus dans l'esprit de ce Martyr, avant que de l'appeller à une si grande dignité?

Ils connoissoient trop l'extréme peril où s'exposent ceux qui se conduisent negligemment dans un choix si difficile, selon que saint Paul nous le monstre lors qu'il écrit à Timothée, & qu'il luy dit : Ne soyez pas prompt ny precipité à imposer les mains sur personne, & ne participez point aux pechez des autres. Que dites-vous grand Apostre ? Quoy, un aura peché & je participeray à ses crimes & à son supplice ! Pourquoy-non, adjoûte-t-il, puis que vous avez donné occasion à un méchant de faire du mal ? Car comme celuy qui met une épée entre les mains d'un homme yvre, qui s'en sert dans la fureur pour commettre un homicide, est coupable : de mesme celuy qui contribuë à procurer la puissance qui accompagne une telle charge à quelque homme de mauvaise vie, attire sur sa teste tout le feu & toutes les peines que meritent ces crimes & ces pechez ; parce que celuy qui est l'auteur de la racine, l'est aussi de tout ce qui vient de cette mesme racine. C'est pourquoy, il

me semble que saint Ignace merite une
double couronne pour son seul Episcopat,
dautant que l'eminence de ceux qui luy
ont imposé les mains, est un fidele & as-
sûré témoignage qu'il en a eu toutes les
vertus.

Voulez-vous que je vous découvre une
autre couronne qui sort de celle dont nous
venons de parler ? Considerez en quel
temps il a obtenu cette charge Pastorale.
Car la condition de ceux qui sont maintenant employez au gouvernement de l'E-
glise, n'est pas semblable à celle des saints
Prelats qui la gouvernoient alors. Il y a
moins de travail à marcher dans un chemin déja frayé & battu par plusieurs personnes, qu'à entrer dans une voye incon-
nuë, & estre l'un des premiers qui y doit
marcher par des lieux inaccessibles semez
de pierres & de roches, pleins de bestes farouches, & où nul homme n'a jamais passé. Il n'y a point de peril, dont par la grace de Dieu les Evesques soient menacez
aujourd'huy : mais nous joüissons de toutes parts d'une profonde paix & d'une parfaite tranquillité, l'Evangile du salut & de
la grace estant répandu par toute la terre ;
& ceux qui gouvernent l'Empire ayant la

mefme foy que nous , & obfervant avec zele les regles qu'elle nous prefcrit.

Mais il n'y avoit rien de pareil dans la naiffance de l'Eglife. Car de quelque cofté qu'on pût tourner les yeux, on ne voyoit que precipices , qu'abifmes, que guerres, que combats , & que perils. Les Empereurs & les Rois du fiecle, les grands & les petits du peuple. les Villes & les Provinces des nations, les étrangers & les domeftiques des fidelles leur dreffoient par tout des embufches.

Ces perfecutions neanmoins n'eftoient pas ce qui caufoit plus de douleur aux Pafteurs ; mais leur plus fenfible déplaifir venoit de ce qu'il falloit agir avec une grande indulgence envers plufieurs de ceux qui avoient embraffé la foy, tant parce qu'ils ne commençoient encore qu'à goufter cette nouvelle doctrine, que parce qu'ils eftoient fort foibles, & qu'ils tomboient fouvent par les artifices de l'ennemy : ce qui affligeoit davantage ces facrez Docteurs, que les guerres étrangeres.

Car les guerres étrangeres & les continuelles perfecutions caufoient mefme quelque plaifir & quelque joye , acaufe qu'elles donnoient lieu d'efperer des re-

compenfes eternelles ; ainfi qu'il parut
dans les Apoftres, qui fortant de l'affemblée des Juifs, fe rejoüiffoient du fupplice
qu'on leur avoit fait fouffrir. Et c'eft pourquoy faint Paul crie auffi qu'il a de la joye
dans fes fouffrances, & qu'il fe glorifie
toûjours dans fes croix & dans fes afflictions.

Mais quant aux playes des fideles & aux
cheutes des freres, elles leur fembloient
des peines infupportables ; elles ne leur
permettoient pas de refpirer, & leur
eftoient comme un tres-dur & tres-pefant
joug qui les affligeoit fans ceffe, & qui ac-
cabloit en quelque façon la vigueur & la
force de leur efprit : Ecoutez comme faint
Paul fe plaint & s'afflige des difcordes de
l'Eglife, luy qui fe rejoüiffoit tant des perfecutions du monde. Qui eft-ce, dit ce
maiftre des nations, qui s'affoiblit, fans
que je participe à fa foibleffe ? Qui eft-ce
qui fe fcandalize fans que je brufle de fon
fcandale ? Je crains qu'en allant vers vous,
je ne vous trouve pas tels que je defire
que vous foyez, que Dieu ne m'humilie, &
que je ne pleure plufieurs qui ont peché,
& qui depuis n'ont point fait de penitence.
Vous le voyez par tout dans les larmes &

dans les gemissemens à causes des domestiques de la foy. Vous le voyez toûjours
dans la crainte & dans un tremblement
perpetuel pour ceux qui avoient crû à l'E-
vangile.

Ainsi comme nous admirons un Pilote,
non de ce qu'il est capable de conduire au
port avec une entiere seureté ceux qui se
sont embarquez dans un vaisseau, lors que
la mer est tranquille, & que les vents sont
favorables ; mais de ce qu'il est assez adroit
pour le conserver quand la mer est agitée,
& que les vents sont contraires ; quand
ceux qui sont avec luy ne sont pas vnis ensemble, & que leur division forme au dedans un second orage non moins redoutable que la tempeste qui est au dehors : de
mesme aussi nous devons estimer & admirer davantage ceux qui alors gouvernoient
l'Eglise, que ceux qui la gouvernent presentement ; parce qu'alors il y avoit beaucoup de guerres exterieures & interieures;
que la foy encore tendre avoit besoin comme une jeune plante d'estre arrousée &
cultivée avec plus de diligence & plus de
soin ; & que le peuple fidele estant semblable à un enfant qui vient de naître, demandoit qu'on l'élevât & qu'on le nour-
rît

rist avec une sagesse & une vigilance extraordinaire.

Mais afin que vous compreniés mieux
de combien de couronnes estoient dignes
ceux que l'on engageoit alors dans les
charges Ecclesiastiques, & combien ils dé-
voient souffrir de travaux, & courir de
dangers dans ces premiers Siecles, je
vous rapporteray le témoignage de JESVS-
CHRIST qui justifie ce que j'ay dit, & qui
confirme mon sentiment. Car un jour
qu'il regardoit plusieurs personnes qui
venoient vers lui, & qu'il vouloit montrer aux Apostres, que les Prophetes
avoient plus travaillé qu'eux, il leur dit:
Les autres ont travaillé, & vous allez
aprés recueillir les fruits de leurs travaux. Neanmoins il est constant que les
Apostres ont travaillé beaucoup plus que
les Prophetes. Mais parce que les premiers
ont semé la parole du salut, & qu'ils ont
attiré les hommes encore grossiers & igno-
rans, à la connoissance de la verité, Nostre Seigneur a jugé leur travail plus grand
que celui de ses Disciples.

Car il n'est pas si mal-aisé d'instruire
quelqu'un, aprés que plusieurs l'ont déja
instruit, que de lui donner les premieres

connoiſſances des choſes qu'il doit ſçavoir;
parceque l'on comprend facilement les
choſes que l'on a déja appriſes par l'étu-
de & par l'uſage : & au contraire, quand
un Maiſtre enſeigne ce qu'on ignore, il
trouble d'abord l'eſprit de ceux qui l'écoutent. Les Atheniens furent troublez de
cette ſorte par la predication de l'Apoſtre,
& ils ſe retiroient de lui, en l'accuſant, &
lui diſant : Ce que vous annoncez eſt vne
nouuelle doctrine dont nous n'avons jamais oüy parler.

Que ſi ceux qui ont maintenant le ſoin
& la conduite de l'Egliſe, ſouffrent meſme beaucoup de peines, d'afflictions, & de
travaux ; conſiderez combien l'on en ſouf-
froit alors de plus grands, & en plus grand
nombre, puis qu'on eſtoit inceſſamment
expoſé à tant de perils, à tant de combats,
à tant d'embuſches, & à tant de frayeurs
continuelles. Il n'y a point de parole qui
puiſſe exprimer les difficultez & les op-
poſitions que ces grands Saints eſtoient
obligez de ſurmonter, & celui ſeul qui en
aura fait l'experience, en pourra connoiſtre la grandeur.

L'Epiſcopat de ce Saint preſente encore
à nos yeux une quatriéme couronne, que

nous pouvons adjoûter aux autres. Et quelle est cette couronne, me direz-vous ? C'est d'avoir gouverné nostre patrie. Car s'il est difficile de gouverner cent hommes, ou mesme cinquante, combien doit-on estimer la vertu & la sagesse qu'il faut avoir pour regler une ville si celebre, & un peuple si nombreux, qui ne contient pas moins de deux cens mille personnes ?

Comme dans les armées les legions Pretoriennes, qui sont les premieres & les plus fortes, sont données aux Chefs qui ont plus d'experience & de valeur : de mesme aussi entre les villes, celles qui sont les plus grandes & les plus peuplées, sont commises à ceux qui ont plus de sagesse & de prudence.

Et d'ailleurs, on voit clairement que Dieu a pris un soin tres particulier d'Antioche, selon qu'il l'a témoigné par des preuves manifestes ; puisque c'est par sa providence & par son ordre, que saint Pierre y a long-temps demeuré, & que nous avons eu pour Pasteur celui qu'il a établi avec autorité sur toute la terre, à qui il a donné les clefs du Ciel, & à la volonté & à la puissance duquel il a soûmis toutes choses. C'est pourquoy l'on

peut dire que noſtre ville ayant eſté d'a-
bord à ſaint Pierre, ce que lui a eſté tout
l'Univers, elle répond en dignité à tout
l'Univers.

Mais en parlant de ſaint Pierre, j'ay découvert une cinquiéme couronne pour
noſtre glorieux Martyr, dautant qu'il a
ſuccedé à ce bien-heureux Apoſtre dans
la Chaire d'Antioche. Car comme ſi quelqu'un tire une grande pierre des fondemens d'une maiſon, il tâche d'en mettre
en la place une autre pareille; parce qu'autrement tout l'edifice tomberoit en ruine.
Ainſi quand S. Pierre ſortit d'Antioche,
la grace de l'Eſprit ſaint lui ſubſtitua un
autre Prelat tout pareil à lui, de peur que
ce bâtiment déja commencé, ne s'affoibliſt
par le mépris que l'on feroit de ſon ſucceſſeur.

Voila donc cinq couronnes que ce ſaint
Prelat a meritées par l'eminence des vertus qu'il a fait paroître dans l'Epiſcopat,
par la dignité de ceux qui l'ont élevé à
cette charge, par la difficulté du temps auquel il a gouverné cette Egliſe, par la gloire de ce trône où ſaint Pierre avoit établi
ſon ſiege, & par l'excellence de cét Apoſtre qui l'appella à ce miniſtere.

Ce font-là les couronnes de ce grand Saint, aufquelles nous en pourrions joindre plufieurs autres. Mais de peur que nous ne confumions tout noftre loifir dans la confideration des loüanges dont il eft digne comme Evefque, paffons à fes glorieux combats.

Voila ce que dit S. Chryfoftome touchant l'Epifcopat de ce grand Saint. On y peut ajoûter que quelques Auteurs luy ont attribué l'origine de ces chants de l'Eglife, que les Grecs ont appellé *Antiphones.* C'eft ce que l'on peut voir dans la Biblioteque de Photius Cod. 96. dans l'extrait de la Vie de S. Chryfoftome par George Evefque d'Alexandrie : où aprés avoir dit que S. Chryfoftome oppofa aux Antiphones que les Arriens chantoient dans les ruës de Conftantinople, d'autres chants publics de mefme efpece, accompagnez de Croix d'argent. Cét Auteur ajoûte ; *Or on dit que l'origine des Antiphones vient d'Ignace, furnommé Theophore, qui voulut imiter de cette forte les chants Celeftes des Anges à la loüange de Dieu.*

LA VIE
DE S. IGNACE.
LIVRE SECOND.

De sa Confession de Foy.

CHAPITRE I.

HISTOIRE DE LA Confession de S. Ignace, & de sa condamnation pour la Foy de IESVS-CHRIST.

LEs actes originaux de la Confession de saint Ignace, nous doivent estre dautant plus venerables, qu'ils ont esté écrits par des Saints peu de mois aprés son martyre ; que ce font les plus anciens de tous ceux qui reftent de l'Antiquité Ecclefiaftique ; & qu'ils contiennent les réponfes du plus celebre des anciens Peres, & du plus fervent des premiers Martyrs.

Mais de plus, puifque JESVS-CHRIST declare dans l'Evangile, que dans ces occafions de confeffer fon nom & fa divinité devant les Rois & les Princes de la terre, fes ferviteurs ne doivent point fe mettre en peine de ce qu'ils auront à dire, & que ce fera le faint Efprit qui parlera par leur bouche, nous devons regarder les réponfes de cet homme Apoftolique, & Difciple des Apoftres, qu'il a faites à l'Empereur mefme, comme les propres réponfes de l'Efprit de Dieu, & comme les oracles du Ciel, tous remplis de la divine fageffe qui parloit par la bouche de cét illuftre Prelat de la troifiéme Eglife du monde, comme par un des plus dignes & des plus faints organes qu'elle euft dans la terre. C'eft pourquoi nous avons jugé à propos non feulement de les raporter, mais de les éclaircir enfuite de quelques petites remarques pour en établir la verité & la fainteté fur des fondemens folides ; pour conferver cét ancien ornement à l'Hiftoire de sa vie, qui a esté l'honneur de JESVS-CHRIST, la gloire d'Antioche, & l'ornement de son siecle ; & pour engager les pieux Lecteurs à honorer d'une reverence particuliere ces paroles de foy & de grace qui estoient répanduës sur les lévres de ce genereux Martyr.

Lorsque Trajan qui regne encore aujourd'hui (disent ces actes originaux qui ont esté dressez par ceux-mesmes qui l'avoient accompagné de Syrie à Rome) devint Empereur des Romains, Ignace homme Apostolique & Disciple de saint Iean l'Evangeliste & Apostre, gouvernoit l'Eglise d'Antioche. Ce saint Pasteur avoit eu autrefois beaucoup de peine à adoucir les tempestes de plusieurs persecutions excitées sous Domitien, & il s'opposa comme un bon Pilote à ce trouble & à ces agitations des puissances ennemies, par le gouvernail de la priere & du jeusne, par l'assiduité de ses doctes remonstrances, & par le secours d'une force spirituelle, apprehendant que cét orage ne renversast plusieurs de ceux qui estoient moins genereux & plus foibles.

Il se réjoüit de la fermeté que Dieu donna à l'Eglise, & de la paix qu'il lui ren-

dit, la violence de la perfecution eftant
un peu appaifée. Mais parmi cette joye,
il faifoit fouvent cette reflexion en lui-
mefme, qu'il n'eftoit pas encore parvenu
au veritable amour de JESVS-CHRIST,
ni à l'ordre le plus parfait de fes Difciples ; eftimant que par la confeffion qui
fe fait dans le Martyre, il s'approcheroit
de plus prés du Seigneur, & qu'il auroit
avec lui une union plus étroite & plus
entiere.

Il continua toûjours d'éclairer comme
une lampe divine les cœurs de fon peuple,
en leur expliquant les Ecritures. Et enfin
aprés qu'il eut depuis ce temps gouverné
fon Eglife durant quelque peu d'années,
il parvint à la couronne, qui eftoit l'objet
de fes vœux & de fes defirs.

Trajan avoit déja regné neuf ans, lors
qu'eftant enflé de la victoire qu'il avoit
remportée fur les Scythes, les Daces, &
diverfes autres Nations, il crût qu'il ne
lui-manquoit plus rien pour voir tout af-
fujetti à fa puiffance, que de contraindre
toute l'Eglife Chrétienne qui n'adore
qu'un feul Dieu, à embraffer le culte des
Demons avec le refte des Idolâtres. Et
afin de reüffir dans ce deffein, il menaça

de faire mourir tous les ſerviteurs de
Dieu, & les reduiſit à la neceſſité volon-
taire, ou de ſacrifier, ou de mourir. Eſtant
donc party d'Orient, il vint par Daphné
à Antioche, où il fit ſon entrée avec
magnificence, ayant ſur ſa teſte une couronne compoſée de rameaux d'oliuier. Ce
fut alors qu'Ignace craignant pour ſon
Egliſe, ſouffrit volontairement comme un
genereux ſoldat de JESVS-CHRIST,
d'eſtre conduit à Trajan qui ſe preparoit
pour paſſer en Armenie, & pour aller combattre les Parthes.

Auſſi-toſt qu'il fut arrivé en la preſence de l'Empereur, Trajan lui dit : Eſt ce
vous qui comme un mauvais demon,
prenez plaiſir à violer mes ordres, & à
perſuader aux autres de ſe perdre mal-
heureuſement ? Ignace lui répondit : Perſonne n'appelle Theophore mauvais demon. Car les demons s'enfuyent devant
les ſerviteurs de Dieu. Que ſi vous me
nommez mauvais demon acauſe que je
leur ſuis fâcheux, je confeſſe meriter ce
nom ; parceque poſſedant JESVS CHRIST
qui eſt le grand Roy élevé au deſſus des
Cieux, je diſſipe toutes leurs embûches
& tous leurs efforts.

Trajan lui repliqua : Qui est Theophore, c'est à dire porte-Dieu ? Ignace luy
répondit : C'est celui qui a Jesvs-Christ
en son cœur. Trajan lui dit : Vous croyez
donc que nous n'avons pas dans nostre
ame les Dieux qui nous aident à combattre nos ennemis ? C'est une erreur, dit S.
Ignace, d'appeller les demons que vous
adorez, des Dieux. Car il n'y a qu'un
Dieu qui a fait le Ciel, la Terre, la Mer,
& tout ce qu'ils contiennent, & un Jesvs-Christ son Fils unique ; dont je
desire uniquement d'estre aimé. Trajan
lui repliqua : N'entendez-vous pas ce
Jesvs qui fut crucifié sous Ponce Pilate ?
A quoy Ignace répondit : C'est lui qui a
crucifié le peché avec le demon autheur
du peché, & qui a aussi condamné la malice des diables, les ayant assujettis sous
les pieds de ceux qui le portent dans le
cœur. Trajan lui dit : Vous portez donc
Jesvs-Christ en vous-mesme. Ignace lui répondit : Oüi certes. Car il est
écrit de ce Iesvs Fils de Dieu : J'habi-
teray & me reposeray en eux.

Alors Trajan prononça cét arrest : Nous
ordonnons qu'Ignace qui dit porter en
soy le Crucifié, soit lié & conduit par des

foldats dans la grande Rome, pour y eftre la pafture des beftes, & le fpectacle du peuple.

Quand le Saint eut entendu cette Sentence, il s'écria avec allegreffe : Ie vous rends graces, Seigneur, de ce qu'il vous a plû m'honorer de ce témoignage d'un parfait amour pour vous, en permettant qu'on me liât de chaifnes de fer comme S. Paul voftre grand Apoftre. Et en achevant ces paroles, il prit fes chaînes & s'en chargea avec ioye ; puis il pria pour l'Eglife, & la recommanda à Dieu avec larmes ; & fut aprés enlevé par la dureté des foldats brutaux, comme l'illuftre Chef d'un noble troupeau, pour eftre mené à Rome, afin de fervir de pafture aux beftes cruelles.

La fidelité des Actes dont on a tiré cette hiftoire, paroift vifible par leur brieveté, & par leur fimplicité, qui font les deux caracteres de ceux qui font veritables ; & encore plus par leur parfaite conformité avec ce que les anciens Peres de l'Eglife, & faint Ignace mefme a écrit de lui dans fes lettres. Et avant qu'il ait plû à Dieu de les tirer d'une Bibliotheque celebre, pour en edifier fon Eglife, les plus fçavans

ne pouvoient comprendre la vraye raison qui avoit fait enuoier S. Ignace à Rome, puisque les Gouverneurs executoient
dans leurs propres Provinces ceux qui se
trouvoient criminels, & ne renvoioient
à Rome que les Citoiens Romains qui
appelloient à Cesar; & que les loix ne permettoient pas d'ailleurs de les exposer aux
bestes sauvages.

Cette difficulté ne pouvoit estre relevée
par les actes vulgaires & faux du Martyre
de ce Saint, dans lesquels on supposoit
que saint Ignace avoit esté envoié à Rome à l'Empereur Trajan, qu'on disoit contre la verité de l'histoire, y avoir esté
alors, au lieu qu'il estoit à Antioche, où
s'estant rendu luy-mesme Iuge de ce saint
Prelat, qui apparemment n'estoit point
Citoien Romain, il l'avoit condamné aux
bestes, & envoyé à Rome selon qu'il en
avoit le pouvoir par les loix, estimant ce
supplice cruel & honteux.

On dit aussi que Trajan craignoit que
s'il l'eust exposé dans des spectacles à Antioche, où il estoit connu & reveré de plusieurs, sa constance & son Martyre ne le
rendist plus illustre & plus regretté. Au
lieu qu'en l'envoiant à Rome il seroit

fatigué & lassé par la longueur du chemin ; & estant inconnu au peuple de cette ville si éloignée d'Antioche, il pourroit passer pour un des criminels, ou au moins des Chrétiens ordinaires, & sa memoire s'effacer entierement de l'esprit des hommes.

Mais le conseil de Dieu fut plus puissant que l'artifice des hommes, ou plutost des demons qui les animoient. Car il rendit ce saint Prelat qui s'en alloit au Martyre, connu de tous les Chrétiens des villes par où il passa, & de ceux de Rome, mesme avant sa venuë, & son nom fut depuis celebre dans cette capitale de l'Empire.

CHAPITRE II.

VOYAGE DE S. IGNACE. *Son soin pour l'Eglise. Son arrivée à Smyrne, où il écrit quatre Lettres toutes Apostoliques.*

CE genereux athlete de JESVS-CHRIST ayant rendu un si illustre témoignage de sa foy, partit d'Antioche avec la gayeté

& la ferveur que luy infpiroit le defir d'u-
ne fin fi glorieufe; & il defcendit d'Antioche à Seleucie, où il devoit s'embarquer
dans un vaiffeau.

Durant fon voyage, quoiqu'il fuft gar-
dé tres-eftroitement par les foldats qui
le conduifoient, il ne laiffoit pas de fortifier & de confirmer par fes fages entretiens
& par fes pieufes remonftrances les Eglifes de toutes les villes par où il paffoit ; &
la premiere chofe qu'il leur recommandoit, eftoit de fe remparer contre les he-
refies qui commençoient alors de s'élever & de fe répandre : & la feconde, de
s'attacher inuiolablement à la tradition
des Apoftres, qu'il établiffoit avec force
par les témoignages qu'il rendoit à la
vraye foy; mais qu'il croyoit encore devoir eftre mife par écrit , afin qu'elle fe
confervât plus feurement dans toute la
pofterité.

Eftant en fuite arrivé à Smyrne avec
beaucoup de travaux, il fortit du vaiffeau
avec une extréme joye , & fe hafta d'aller
voir Polycarpe qui en eftoit Evefque, &
qui avoit autrefois efté Difciple de faint
Jean l'Apoftre.

Lors qu'on l'eut conduit chez ce faint

Prelat, il l'entretint de discours spirituels, & lui témoignant combien il estoit glorieux de ses chaînes, il le supplia de contribuer par ses prieres, & principalement par celles de toute l'Eglise en commun, au desir qu'il avoit d'estre devoré pour Jesus Christ. Car toutes les Eglises d'Asie rendoient honneur à ce Saint, en luy envoyant les Evesques, les Prestres & les Diacres, courant tous à luy, dans l'esperance de recevoir quelque fruit de la plenitude de sa grace & de la vertu de sa benediction.

Mais entre tous les Evesques que les Chrétiens luy envoyoient de toutes parts, ce genereux Martyr prioit particulierement saint Polycarpe de joindre ses vœux aux siens, afin qu'estant mangé par les bestes, il disparût bien tost dans la terre aux yeux du monde, & qu'il apparût dans le Ciel aux yeux de Dieu.

Pendant qu'il estoit à Smyrne, il y écrivit une lettre à l'Eglise d'Ephese, où il fait mention d'Onesime qui en estoit Pasteur. Il en écrivit une autre à l'Eglise de Magnesie, une autre à l'Eglise de Tralle, & une autre aux Romains.

Ce sont les quatre lettres que ce grand

Saint écrivit de Smyrne, lesquelles estant
toutes assez courtes , & tres-remplies de
l'onction sainte, & de la vraye science Ecclesiastique , nous avons crû que rien ne
pouvoit tant enrichir sa Vie que ces pre-
cieuses reliques de son esprit, où on le
voit encore vivant, & parlant avec une
lumiere de Docteur , une sagesse d'Evesque, une humilité de Chrétien , & une
charité de Martyr.

On ne sçauroit trop entrer dans la reverence que tous les Saints & toute l'E-
glise ont euë pour les lettres incompara-
bles de ce saint Prelat : elles ont toûjours
esté des plus venerables pour l'antiquité,
des plus admirables pour la sainteté , &
des plus estimées pour la verité & la tradition Ecclesiastique. Et l'on est trop obligé à la providence de Dieu qui a remis en
nos jours entre les mains de son Eglise cét
ancien tresor dans son ancienne pureté, &
separé du mélange de beaucoup de fausses
additions, qui en diminuoient le prix.

CHAPITRE III.

LETTRE DE S. IGNACE
aux Ephesiens.

ARTICLE PREMIER.

Il releve la pieté d'Onesime Evesque d'Ephese, & de quelques autres ; & exhorte les Chrétiens à se soûmettre à l'autorité Episcopale.

IGNACE, aussi nommé Theophore, à l'Eglise d'Ephese en Asie, qui a receu des benedictions de la grandeur & de la plenitude de Dieu le Pere , qui a esté predestinée avant la creation du monde, pour s'avancer toûjours vers la gloire permanente & immuable, pour estre unie & élevée par la volonté du Pere de JESVS-CHRIST nostre Dieu , & par le merite de la Passion tres-veritable de ce Sauveur; à cette Eglise tres-digne de la beatitude, abondance de salut par JESVS-CHRIST, & par sa grace toute pure & toute sainte.

Ie me réjoüis en Nostre Seigneur du nom tres-aimable que vostre foy & voftre amour pour J E S V S-C H R I S T noftre Sauveur vous fait poffeder avec juftice. Car vous avez monftré que vous eftiez imitateurs de Dieu ; & allumant en vous le feu de la charité par le Sang de ce mef-me Dieu , vous avez accompli parfaite-ment une œuvre qui eftoit toute de cha-rité , en m'envoyant vifiter auffi-toft que vous avez fceu que l'on m'amenoit de Syrie chargé de chaînes pour le nom qui nous eft commun, & pour noftre commu-ne efperance , & que j'efperois obtenir par vos prieres la grace de combattre à Rome contre les beftes, afin que par le Martyre , je puffe eftre Difciple de celui qui s'eft offert pour nous.

J'ay receu au nom de Dieu toute voftre nombreufe multitude, en la perfonne d'O-nefime , Prelat qu'on ne fçauroit affez loüer pour fa charité. Je prie Dieu que vous l'aimiez, comme tenant à l'égard de vous, la place de J E S V S-C H R I S T, & que vous luy reffembliez tous.

Beny foit celuy qui vous a donné un Evefque tel que vous meritez d'en avoir un , & qui eft digne de vous. Il eft bien raifonnable de glorifier en tout J E S V S-C H R I S T qui vous glorifie , afin qu'estant tous affujettis à Dieu, vous foyez foûmis à l'Evefque, & à fon Clergé ; que vous foyez tous fanctifiez par voftre foûmiffion ; & que vous foyez parfaits par cette union d'efprit & de langue.

Je ne vous donne pas ces preceptes, comme eftant quelque grand Docteur. Car quoique je fois lié de chaînes pour le nom de JESVS-CHRIST, je ne fuis pas encore parfait dans fa grace. Je ne fais que commencer à apprendre, & je vous parle comme à mes Maiftres. Ce feroit à vous à m'inftruire touchant la foy, la patience & la tolerance.

Mais parce que la charité ne me permet pas de demeurer dans le filence, touchant ce qui vous regarde, je me fuis avancé de vous exhorter & de vous prier d'eftre toûjours foûmis à l'ordre de Dieu. Car comme JESVS-CHRIST qui eft noftre infeparable vie, a efté étably par l'ordre du Pere fur toute l'Eglife : ainfi les Evefques l'ont efté par l'ordre de IESVS-CHRIST fur toutes les Provinces de l'Univers.

C'eft pourquoy la juftice veut que vous foyez foûmis aux ordres & à la conduite de voftre Evefque, ainfi que vous l'eftes.

Car le Clergé de vos Preftres, qu'on ne peut nommer fans eloge d'honneur, & qui eft digne de vous, eft joint & uny avec voftre Evefque, comme les cordes d'une harpe le font enfemble.

C'eft ainfi que vous chantez les loüianges de IESVS CHRIST dans un mefme concert de fentimens, & une mefme harmonie de charité. Chacun de vous fait feul un chœur de mufique, & un feul eftant uny avec tous les autres par un mefme accord de volonté, vous celebrez les grandeurs de Dieu dans une unité parfaite,& vous chantez tous d'une mefme voix la gloire du Pere par IESVS CHRIST, afin que le Pere vous écoute favorablement, & qu'il connoiffe par vos actions, que vous eftes les membres de fon Fils. Il eft donc utile que voftre unité foit toûjours toute pure & fans defaut, pour faire que vous participiez fans ceffe à l'Efprit de Dieu. Car fi dans le peu de temps que j'ay efté avec voftre Evefque, j'ay eu avec luy une converfation toute fpirituelle, combien vous dois-je eftimer heureux d'eftre joints avec luy, comme l'Eglife l'eft avec JESVS-CHRIST, & comme JESVS-CHRIST l'eft avec fon Pere, afin que toutes les parties soient liées ensemble par un concert harmonieux de mesmes pensées & de mesmes affections ? Que personne ne se trompe. Si quelqu'un n'est point dans l'enceinte de l'Autel des Sacrifices, il est privé du pain de Dieu. Car si la priere d'un ou deux des fideles a tant de force, combien celle des Evesques & de toute l'Eglise en a-t-elle davantage ? Celuy donc qui ne vient pas avec les autres dans les Assemblées, il se condamne soymesme, puis qu'il est écrit, que Dieu resiste aux superbes. Ayons donc soin de ne point resister à l'Evesque, afin que nous soyons soûmis à Dieu.

Que chacun de vous craigne dautant plus son Prelat, qu'il le voit plus se tenir dans le silence. Car quand le Maistre de la maison nous envoye un officier & un dispensateur de ses ordres pour la gouverner, il faut le recevoir comme luy-mesme. Et ainsi il est manifeste qu'il faut recevoir l'Evesque comme Dieu.

ARTICLE II.

Saint Ignace loüe les Ephesiens de leur aversion pour toutes les heresies, & leur témoigne que leur sainteté servoit à les en preserver.

AV reste, Onesime donne de grandes loüanges au bon ordre qui est entre vous, selon les regles de Dieu ; parce que vous vivez tous selon la verité, & qu'il n'y a point parmy vous une seule heresie, n'écoutant que JESUS-CHRIST seul qui vous parle dans la verité. Car il y en a quelques-uns qui portent malicieusement & à faux le nom de Chrétiens, & qui font des choses indignes de Dieu ; vous les deuez fuir comme des bestes furieuses. Aussi font-ce des chiens qui mordent en trahison. Il faut que vous vous gardiez d'eux comme de malades d'une maladie tres-difficile à guerir.

Il n'y a qu'un veritable medecin qui a eu une veritable chair, & une ame veritable ; qui a esté engendré & non engendré ; qui dans son humanité a esté Dieu ; qui dans sa mort a esté la veritable vie; qui est né de Marie & de Dieu ; qui d'abord **a** esté passible, & qui depuis est devenu impassible.

Que personne donc ne vous seduise ; & vous ne serez point seduits, si vous continuez d'estre tous à Dieu comme vous estes. Car n'y ayant maintenant parmy vous aucune dispute ny aucune tentation qui puisse vous troubler & vous blesser, il est clair que vous vivez selon Dieu. Je ne suis digne que d'estre sous vos pieds, & d'estre purifié de mes taches par l'Eglise d'Ephese, si fameuse dans le monde.

Ceux qui vivent selon la chair, ne peuvent point faire des œuvres spirituelles, ny ceux qui vivent selon l'esprit des œuvres charnelles : non plus que la foy ne fait point les œuvres d'infidelité , ny l'infidelité celles de la Foy. Mais ce que vous faites mesme selon la chair, est spirituel, parce que vous faites tout en Jesvs-Chr ist.

J'ay reconnu que quelques-uns qui passoient par cette ville tiennent une mauvaise doctrine. Mais comme ils n'ont point mission de vous pour semer ces erreurs, vous avez bouché vos oreilles, & vous avez rejetté ces semences corrompuës ; parceque vous estes des pierres toutes preparées

pour

pour le bâtiment du Temple de Dieu le
Pere, qui doivent eftre élevées en haut par
la machine de JESVS-CHRIST, qui eft
fa Croix, & par la corde attachée à cette
machine, qui eft la grace du faint Efprit ;
que la Foy eft le guide qui vous conduit,
& la charité la voye qui vous mene à
Dieu. Et ainfi tous tant que vous eftes qui
marchez enfemble dans ce chemin, vous
portez Dieu dans toutes les puiffances de
voftre ame ; vous portez vn temple vivant
dans voftre cœur ; vous portez CHRIST
dans voftre corps ; vous portez la pureté
& la fainteté dans voftre efprit ; & l'ac-
compliffement fidele de tous les preceptes
de IESVS-CHRIST eft voftre honneur
& voftre gloire. C'eft cette pratique exa-
Cte de ces regles qui me donne de la ioye,
& qui fait que je m'eftime heureux de vous
écrire, de vous entretenir, & de me ré-
joüir avec vous ; parce que n'ayant point
d'autre objet que l'autre vie, vous n'aimez rien que Dieu feul.

C

ARTICLE III.

Saint Ignace enseigne aux Ephesiens comment ils doivent se conduire envers les Payens.

MAIS vous offrez aussi vos prieres à Dieu pour les Idolârres. Il y a sujet d'esperer qu'ils feront penitence de leurs erreurs pour posseder Dieu. Exhortez les à se laisser instruire, au moins par vos actions : n'opposez que la moderation à leur colere, des paroles humbles à leurs paroles superbes, des prieres à leurs blasphemes, la fermeté de la Foy au venin de leurs erreurs, & la douceur à leur amertume. Ne vous étudiez pas à les imiter; mais agissez envers eux avec la charité de freres, & étudiez à imiter la clemence de Dieu mesme, quoiqu'on vous traite avec injustice, avec tromperie, & avec mépris, afin qu'il ne se trouve parmy vous aucune plante du diable, & que vous demeuriez dans toute la chasteté & toute la temperance par la grace de JESVS selon la chair & selon l'esprit.

Nous sommes arrivez au dernier âge du

monde : rougiſſons & craignons d'offen-
ſer la patience de Dieu , de peur qu'elle ne
nous ſoit un ſujet de plus grande condamnation : ou craignons ſa colere, ou aimons
ſes faveurs preſentes. Nous ne ſçaurions
trouver cette crainte ou cet amour pour
la veritable vie qu'en JESVS-CHRIST
ſeul. Ne croyez rien de bon, ſi vous le
faites ſans luy. C'eſt pour luy que je ſuis
chargé de chaînes qui ſont des perles ſpi-
rituelles, avec leſquelles je deſire de reſ-
ſuſciter un jour par le merite de vos prieres. Je deſire , dis-je , d'avoir toûjours
part, & de me trouver en la compagnie des
Chrétiens d'Epheſe , qui ont toûjours ſui-
vy la diſcipline des Apoſtres, par la vertu
toute puiſſante de Noſtre Sauveur IESVS-
CHRIST.

ARTICLE IV.

Saint Ignace recommande aux Ephe-
siens les frequentes assemblées de re-
ligion & de pieté, où l'on celebroit le
Sacrifice de l'Eucharistie ; & leur
donne d'excellens preceptes pour leurs
mœurs & pour leur conduite.

JE sçay qui je suis & à qui j'écris. Je
suis condamné par les hommes; & vous,
vous estes benis de Dieu. Je suis foible &
exposé au peril, & vous estes fermes & vi-
goureux. Vostre ville est un passage ordinaire à ceux qui perdent la vie pour Dieu.
Vous estes Disciples de saint Paul qui a
esté sanctifié, martyrisé, glorifié, sous les
pieds duquel je desire de me trouver lorsque je joüiray de Dieu, & qui dans toute
sa lettre parle de vous comme de vrais
serviteurs de JESVS-CHRIST.

Ayez soin de vous assembler souvent
pour offrir à Dieu de tres-humbles actions
de graces, & de luy rendre gloire. Car lors
que vous vous assemblez souvent, vous dé-
truisez les forces du demon, & l'union de

voſtre foy rend impuiſſans tous les efforts qu'il fait pour vous perdre. Il n'y a rien de meilleur que la paix , par laquelle toute guerre eſt éteinte , ſoit dans le Ciel , ſoit dans la Terre.

Rien ne vous ſera caché ſi vous avez parfaitement la Foy & la Charité en JE-SVS-CHRIST, qui ſont les principes & la fin de la vraye vie. La Foy en eſt le principe, & la Charité en eſt la fin. Ces deux vertus eſtant jointes enſemble, ſont de Dieu ; & les autres qui ſervent à rendre les hommes bons, ſont des ruiſſeaux de cette ſource. Quiconque fait profeſſion de la Foy, ne peche point contre Dieu ; & quiconque poſſede la Charité, n'a point de haine pour aucun homme. L'arbre ſe reconnoît à ſon fruit : & ainſi ceux qui font profeſſion du Chriſtianiſme, ſeront reconnus eſtre Chrétiens par les actions. Car il ne ſuffit pas de le profeſſer dans le temps preſent ; mais il faut que par la force de la Foy on ſoit trouvé perſeverant juſques à la fin.

Il vaut mieux ſe tenir dans le ſilence, & eſtre ce qu'il faut eſtre, que parler & n'eſtre pas tel que l'on doit. Il eſt bon d'enſeigner les autres, ſi celuy qui dit ce qu'il faut faire, le fait le premier luy-mesme.

Il n'y a qu'un Docteur & qu'un Maistre souverain, qui n'a pas plutost parlé, que l'effet a suiuy sa parole. Mais ce qu'il a fait dans le silence, ne laisse pas d'estre digne de son Pere. Celuy qui possede la parole de JESVS-CHRIST, peut écouter veritablement le silence de JESVS-CHRIST. C'est par là qu'il doit devenir parfait. Et comme d'une part il agira saintement par les paroles d'un autre, sa sainteté sera reconnuë par son silence. Rien n'est caché au Seigneur, & tous les secrets de nos pensées sont à nud devant ses yeux. Faisons donc tout comme l'ayant habitant dans nous, afin que nous soyons son temple, & qu'il soit non seulement nostre Dieu, mais nostre Dieu regnant en nous, comme il l'est, & comme il se montrera tel en nostre presence. Et c'est ce qui rend bien juste l'amour que nous luy portons.

Assemblez-vous donc tous en commun par la grace & selon le nom de Chrétien que vous portez, n'ayant qu'une seule Foy, & un seul JESVS-CHRIST, qui selon la chair est nay de la race de David, & est Fils de l'homme, & Fils de Dieu; obeissant à l'Evesque, & aux Prestres avec

un esprit non divisé, & rompant un seul &
mesme pain, qui est le remede de l'immortalité, l'antidote qui empesche de mourir,
& qui fait vivre toûjours en Jesvs-
Christ.

Je suis uny avec vous, & avec ceux
que pour rendre honneur à Dieu vous
avez envoyez à Smyrne, d'où je vous
écris, rendant graces au Seigneur, & ai-
mant Polycarpe comme je vous aime. Souvenez-vous de moy, ainsi que Jesvs-
Christ se souvient de vous. Priez pour
l'Eglise de Syrie, d'où l'on m'emmene lié
à Rome, & où je suis le dernier de tous
les fideles ; trop heureux neanmoins si
Dieu me rend digne de mourir pour son
honneur & pour sa gloire. Vivez toûjours
saints d'esprit & de corps en Dieu le Pere,
& en Jesvs-Christ nostre commu-
ne esperance.

Chapitre IV.

LETTRE DE S. IGNACE
aux Magnesiens.

Il trace une image de la pieté de ces premiers Chrétiens. Il les exhorte d'estre soûmis à la Hierarchie Ecclesiastique, & à vivre ensemble dans une amitié respectueuse & toute spirituelle.

IGNACE, aussi nommé Theophore, à l'Eglise de la ville de Magnesie, benie par la grace de Dieu le Pere en JESUS-CHRIST, salut & joye, & avec abondance en Dieu le Pere, & en JESVS-CHRIST.

Lors que j'ay veu que vostre amour pour Dieu est si bien reglé, je me suis réjoüy en la Foy de JESVS-CHRIST, & j'ay resolu de vous écrire. Car ayant esté jugé digne du nom le plus glorieux à la Majesté de Dieu par les chaînes que je porte, je publie le bonheur des Eglises Chrétiennes, ausquelles je souhaite l'union de la chair & de l'esprit de JESVS-CHRIST qui est nostre eternelle vie; l'union de la Foy & de l'amour, à qui rien n'est preferable : & principalement l'union de JESVS-CHRIST & du Pere, qui nous faisant endurer avec constance toutes les persecutions du Prince de ce monde, & nous faisant sortir de cette vie, nous fera joüir de l'autre.

Je luy rends graces de ce qu'il m'a jugé digne de vous voir par Damas vostre Evesque digne de Dieu, dont je vous prie de ne pas user trop familierement & trop librement, acause de sa jeunesse ; mais de luy rendre toute sorte de respect, comme j'ay reconnu que font les Prestres de son Eglise. La puissance de Dieu le Pere faisant éclater ses vertus en sa personne, vous ne devez pas vous preoccuper de peu d'estime pour lui sur ce qu'il est jeune , & qu'il le paroist : mais agissant selon la prudence qui vient de Dieu, vous devez luy ceder, & non tant à luy, qu'au Pere de JESVS-CHRIST, qui est l'Evesque de tous les fideles. Il faut donc qu'en l'honneur de Dieu qui vous y oblige , vous obeïssiez à vostre Prelat sans aucune hypocrisie. Mais parceque l'hypocrisie ne trompe pas l'Evesque qui est visible aux yeux corporels, mais se joüe de celuy qui est invisible, ces mouvemens de dissimulation & de fourberie n'estant pas apperceus de l'homme qui n'entend que les paroles, mais de Dieu qui connoît les choses les plus cachées. Montrez donc que vous n'estes pas seulement Chrétiens de nom, mais que vous l'estes en effet.

Il y en a quelques-uns qui ne parlant que de soûmission à l'Evesque, ne laissent pas de faire tout sans luy. Ces personnes ne me semblent pas avoir une bonne conscience, ne s'unissant pas avec leur Prelat dans les assemblées de religion & de pieté, selon le precepte qui les y oblige.

Ils doivent considerer que tout ce monde prend fin ; qu'il y a deux choses qui sont proposées à tous, la Mort & la Vie, & que chacun ira au lieu qui luy sera propre. Car il y a comme deux especes de monnoye, l'une de Dieu, & l'autre du monde. Chacune de ces deux monnoyes porte gravé en elle le charactere qui luy est propre. Les infideles sont marquez du charactere du monde, qui est l'orgueil ; & les fideles du charactere de Dieu, qui est la charité ; & c'est le Pere qui la grave en eux par J E S V S - C H R I S T , dont la vie n'est point en nous, si nous n'avons par luy la volonté de mourir pour luy, en imitant l'exemple de sa Passion. Puis donc que j'ay veu toute la multitude des autres fideles de vostre Eglise en la foy & en la charité de ceux de vos freres que j'ay eu l'honneur de voir icy , je vous exhorte à faire tout dans l'union & la paix de Dieu, l'Evesque presidant en la place de Dieu mesme , les Prestres du Clergé estant assis en la place du college des Apostres, & les Diacres qui me sont si chers, à qui est commis le ministere de I E S V S - C H R I S T, qui estant dans son Père avant la creation du monde, est venu se montrer au monde en ces derniers temps.

Ayez donc soin de mener une vie divine, & de vous porter les uns envers les autres une mutuelle reverence. Que personne ne regarde son prochain selon la chair, mais aimez-vous tous en I E S V S - C H R I S T. Qu'il n'y ait rien qui vous puisse diviser d'avec les Prestres qui sont vos superieurs , & principalement avec vostre Evesque ; afin qu'on voye dedans vos actions la forme & l'image de la doctrine toute pure du Sauveur.

Comme donc noſtre Sauveur eſtant uny avec ſon Pere, n'a rien fait ſans luy, ny par ſoy meſme, ny par les Apoſtres, ne faites rien auſſi ſans l'Eveſque & ſans les Preſtres. Ne cherchez point de raiſons pour vous perſuader que vous pouvez juſtement vous retirer à part, & vous ſeparer des autres ; mais joignez-vous tous en commun, afin de n'avoir qu'une meſme priere, une meſme ſupplication, un meſme eſprit, une meſme eſperance dans la joye pure & ſincere. Il n'y a qu'un Iesvs-Christ, & rien n'eſt plus excellent que luy. Accourez donc tous comme à un ſeul Temple de Dieu, comme à un ſeul Autel, comme à un ſeul Iesus-Christ qui eſt venu du ſein d'un ſeul Pere, qui n'eſt que pour luy ſeul, & qui eſt ret ourné à luy ſeul.

Ie prie Dieu de me faire joüir de vous en toutes choſes, ſi toutefois j'en ſuis digne. Car encore que je ſois priſonnier pour la Foy, je ne ſuis pas égal à l'un d'entre vous qui eſtes libres. Ie ſçay que vous ne vous enflez point de vanité ; parceque Iesus-Christ eſt en vous, & que plus je vous loüe, plus vous rougiſſez, ſelon qu'il eſt écrit, que le juſte s'accuſe de soy-mesme.

Ayez donc soin de vous affermir dans la doctrine du Seigneur & des Apostres, afin que tout ce que vous faites par le corps & par l'esprit, par la Foy & par l'amour dans le Pere, le Fils, & le saint Esprit, dans le principe & dans la fin avec vostre illustre & tres-venerable Evesque, avec l'assemblée des Prestres de vostre Clergé qui compose une couronne spirituelle tissuë d'une maniere admirable, & avec les Diacres qui meinent une vie divine, ait un heureux & favorable succez.

Soûmettez-vous à l'Evesque, & les uns aux autres, comme JESUS-CHRIST selon son humanité s'est soûmis à son Pere, & comme les Apostres se sont soûmis à JESUS-CHRIST, au Pere & au saint Esprit, afin que vostre union soit exterieure & interieure, corporelle & spirituelle.

Sçachant que vous estes pleins de Dieu, je ne vous fais qu'une courte exhortation. Souvenez vous de moy dans vos prieres, pour me procurer la joüissance de Dieu. Souvenez-vous aussi de l'Eglise de Syrie, dont je ne suis pas digne d'estre un des membres. J'ay tres-grand besoin de vos Oraisons toutes unies en Dieu, & de vo-

ftre charité, afin que Dieu daigne arroufer
ce te Eglife de Syrie , par les douces &
faintes influences de la voftre.

Les Chrétiens d'Ephefe qui font maintenant à Smyrne, d'où je vous écris, vous
faluënt , qui font toûjours prefts d'agir
pour la gloire & le fervice de Dieu, comme
vous demeurez toûjours dans l'union de
l'efprit de Jesvs-Christ, qui eft un
efprit ennemy de toute divifion & de tout
fchifme.

Chapitre V.

EPISTRE DE S. IGNACE
aux Tralliens.

*Il les louë de leur foûmiffion à leur
Evefque & au Clergé. Il leur donne d'excellens avis contre l'herefie, &
pour vivre enfemble chrétiennement.
Sage moderation, & profonde humilité de ce Saint.*

IGNACE auffi Theophore, à l'Eglife
fainte de Trallie, & aimée de Dieu Pere

de JESVS-CHRIST, choisie de Dieu, & digne de Dieu, qui a receu la paix par la chair, le Sang, & la Passion de JESVS-CHRIST nostre esperance, & par sa resurrection, salut avec plenitude, luy desirant l'abondance d'une sainte joye.

J'ay reconnu que la pureté de vostre esprit & l'union de vos cœurs dans tous les travaux que vous souffrez, ne sont pas dans vous des vertus d'un usage temporel & passager, mais d'une possession constante, ferme & comme naturelle. Je l'ay reconnu par ce que m'a dit de vous Polybe vostre Evesque, qui selon la volonté de JESVS-CHRIST m'est venu visiter à Smyrne, & s'est tellement réjoüy avec moy me voyant enchaîné pour JESVS-CHRIST, que je voyois, ce me sembloit, toute vostre Eglise en sa personne.

J'ay receu par luy le témoignage de vostre bonne volonté, reglée par l'esprit de Dieu ; & j'ay esté tout gay & tout glorieux, lors que j'ay reconnu que vous estiez les vrais imitateurs de JESVS-CHRIST. Car estant soûmis à vostre Evesque comme à Dieu, vous ne me paroissiez pas agir selon l'homme, mais selon JESVS-CHRIST qui est mort pour nous, afin que croyans en sa mort, vous évitiez de mourir. Certes il est necessaire que vous ne fassiez rien sans vostre Evesque, comme vous le pratiquez fidelement ; que vous reveriez les Diacres comme Ministres de JESVS-CHRIST. Sans eux une Eglise ne peut point estre appellée Eglise : & je suis persuadé que vous estes touchez du mesme sentiment, & animez de ce mesme esprit. Aussi ay-je veu en vostre Evesque l'exemple & le modele de vostre commune charité, & je vous ay tous en luy, l'ayant avec moy. Sa seule contenance grave est une instruction pour ceux qui le voyent, & sa douceur est sa force & sa puissance. Je croy qu'il est reveré des impies mesme.

L'amour que j'ay pour vous, ne m'a pas permis de me tenir dans le silence ; mais quoique je vous puisse écrire davantage sur ce sujet, je me contente de ce peu, afin qu'estant seulement un Chrétien condamné, je ne vous donne pas des preceptes comme un Apostre. J'ay de grands sentimens pour Dieu ; mais je me mesure moy-mesme pour ne me pas perdre par la vaine gloire. Car j'ay sujet de craindre maintenant plus que jamais, & de ne me pas laisser aller à ceux qui me relevent & m'en-

sent par leurs loüanges , & qui me perse-
cutent & qui m'affligent en disant du bien
de moy. Il est vray que l'amour que j'ay
pour Dieu me fait souhaiter le Martyre ;
mais que sçay-je si j'en suis digne ? Plusieurs n'apperçoivent pas l'envie du Demon qui me fait une guerre violente. C'est
pour cela que j'ay besoin d'une humble
moderation , par laquelle tous les efforts
du Siecle se ruinent & se dissipent.

Au reste, je vous conjure , & ce n'est
pas tant moy que la charité de I e s v s-
C h r i s t , de ne vouloir user que de la
nourriture Chrétienne, & de rejetter tout
fruit étranger, qui est l'heresie. Ceux qui
en sont prevenus meslant le nom de J e-
s v s-C h r i s t avec la corruption de leurs
erreurs, trouvent de la creance parmy les
peuples, imitant les personnes qui presentent vn poison mortel meslé avec la liqueur douce & agreable du miel & du vin,
& trompent ceux qui avalent avec plaisir
ce qui leur donne la mort. Gardez-vous
de ces personnes ; & vous vous en garde-
rez si vous n'estes point enflez de vanité,
& si vous estes inseparable de Dieu, de
I e s v s-C h r i s t, de voftre Evefque, &
des ordres des Apoftres. Celuy qui est

hors de l'enceinte de l'Autel est impur &
corrompu. C'est à dire, celuy qui fait quelque chose sans l'Evesque , sans les Prestres,
sans les Diacres , est impur dans sa conscience.

Je ne vous écris pas cecy comme si j'a-
vois reconnu ce mal en vous ; mais c'est
pour vous en preserver que je vous en
parle comme à des personnes que j'aime,
prevoyant les embusches que le diable
vous peut dresser. Tenez vousdonc dans la
douceur & dans la modestie, & vous edi-
fiez & vous consolez les uns les autres
par la foy de la chair du Seigneur, & par
l'amour du Sang de JESVS-CHRIST.
Qu'aucun d'entre vous n'ait quelque dispute & quelque querelle avec son prochain. Ne donnez point sujet aux Payens
de médire de toute la multitude des fideles, acause des fautes de peu de personnes.

Fuyez donc les mauvaises plantes qui
produisent des fruits pernicieux , & qui
causent la mort aussi-tost que l'on en
gouste. Ce ne sont pas des plantes du Pere Celeste, puisque si elles en estoient, on
y verroit les branches de la Croix, & leur
fruit seroit incorruptible. Car c'est par la
verité de sa passion, que JESVS-CHRIST

vous appelle à son service, & qu'il vous
rend membres de son corps. La teste ne
peut estre sans les membres. C'est Dieu
qui a promis de les unir ensemble, & il
est luy-mesme cette union.

Je vous saluë de Smyrne avec les Eglises de Dieu qui sont presentes icy, de qui
j'ay receu toutes les assistances & conso-
lations possibles, tant corporelles que spirituelles. Les chaînes que je porte pour
JESVS-CHRIST dans le dessein de
joüir de luy, vous prient mesme, & vous
conjurent de demeurer toûjours dans vô-
stre union & vostre societé de prieres
communes & spirituelles. Je vous prie par
la charité que j'ay pour vous, de suivre
les avis que je vous donne, de peur que
la lettre que je vous écris, ne soit un
jour produite en témoignage contre vous.
Mais priez aussi pour moy qui ay besoin
de vostre charité dans la misericorde que
Dieu me fait, afin qu'il me rende digne de
l'heritage eternel dont je m'efforce de
joüir pour n'estre pas reprouvé.

La charité des Chrétiens de Smyrne &
d'Ephese vous saluë. Souvenez-vous aussi
dans vos prieres de l'Eglise de Syrie, dont
je ne suis pas digne d'estre, estant le der-

nier de tous. Soyez saints du corps & de l'ame en J ᴇ s v s-C h r i s t, soûmis à l'Evesque & aux Prestres du Clergé, comme à l'ordre de Dieu. Aimez-vous tous d'un cœur qui ne soit point partagé ny divisé. Purifiez vostre esprit & le mien, afin que mon ame soit pure, non seulement durant les jours que j'ay encore à vivre, mais à l'heure que je seray prest d'aller joüir de mon Dieu. Car je suis en peril : mais le Pere Celeste est fidele dans les promesses qu'il nous a faites par J ᴇ s v s-C h r i s t. J'espere qu'il exaucera mes prieres & les vostres, s'il vous trouve toûjours & sans tache.

C h a p i t r e VI.

A R G V M E N T E T
excellence de la Lettre de saint Ignace aux Romains.

ENtre toutes les Lettres de saint Ignace, celle aux Romains a toûjours passé pour la plus celebre & la plus Apostolique. Eusebe qui en parle, dit qu'il écrivit une lettre à l'Eglise Romaine, en laquelle

il prioit inftamment tous les Chrétiens de
Rome, de ne le vouloir pas priver de la
couronne du Martyre, en priant Dieu qu'il
le rendiſt inviolable à la fureur des lions.
Et enfuite il en rapporte vingt lignes que
faint Ierofme a rapportées auffi, en difant
que puis qu'il parloit d'un ſi grand homme, il jugeoit à propos de montrer quel
il eſtoit par ces lignes de ſon efprit.

Saint Gildard furnommé le Sage, Abbé
en la grande Bretagne, écrit ces mots dans
la remontrance au Clergé de l'Eglife Bri-
tannique. *Qui eſt celuy d'entre vous qui ait
la moindre reſſemblance avec le faint Martyr
Ignace Eveſque de la ville d'Antioche, lequel aprés avoir fait des actions illuſtres
pour* JESVS-CHRIST, *eut le corps moulu & briſè à Rome entre les dents des
lions? Certes ſi jamais vous écoutez lire
les paroles qu'il diſoit lors qu'on le menoit
au ſupplice, j'oſe aſſurer que s'il vous
reſte encore quelque goutte de ſang qui
vous puiſſe monter au viſage, il vous fera rougir de honte; & que non ſeulement
vous ne vous croirez pas Preſtres &
Eveſques en comparaiſon de luy; mais
non pas meſme des Chrétiens mediocres.*

Et un autheur ſçavant & Catholique du dernier ſiecle, defenſeur de la Foy contre Luther, & qui a commenté les Epiſtres de ſaint Ignace, dit elegamment de celle aux Romains : *Ce tres-pieux Martyr prie l'Egliſe Romaine de ne ſe laiſſer pas tou-cher d'une compaſſion charnelle pour ſes liens ; de ne luy en pas procurer la deli-vrance ; de ne pas empeſcher ſon combat, & de ne pas retarder ſa couronne. Et toute ſa lettre eſt tellement remplie de pieté, qu'un Chrétien qui a ſentiment pour Dieu, ne la ſçauroit lire ſans verſer des larmes. Car ce ſont les paroles d'un homme dont l'eſprit eſt emporté par un raviſſement & un extaſe d'un divin amour. Et bien-heureux ſont ceux qui ſont embrazez d'un ſi noble feu.*

LETTRE DE S. IGNACE
aux Romains.

*Il les conjure de ne point prier Dieu qu'il
le garantisse des bestes : mais au
contraire qu'il le fasse devorer par elles.*

IGNACE, aussi nommé Theophore, à
l'Eglise fondée à Rome, qui a obtenu
grace & misericorde par la grandeur du
Pere tres-haut, & de JESVS son Fils unique, cherie & illuminée par la volonté de
celuy qui veut toutes les choses qui sont
cheries & aimées de IESVS CHRIST
nostre Dieu : Aux Romains qui sont unis
ensemble selon la chair & selon l'esprit
dans l'observance de tous les commande-
mens ; qui sont remplis de la grace de
Dieu, sans division & sans schisme, & qui
ont éloigné d'eux toute couleur étrangere de fausse doctrine, Salut & abondance
de joye pure & innocente en JESVS-
CHRIST nostre Seigneur & nostre
Dieu.

Enfin, j'ay obtenu de Dieu ce que je

luy avois demandé par mes prieres, de voir un jour les visages de ces Romains si dignes de joüir de luy. Car estant lié & chargé de chaînes pour la Foy de Jesvs-Christ, j'espere vous saluër, si c'est sa sainte volonté, & s'il me juge digne d'arriver au bout de cette carriere. Le commencement est déja heureux. Ie ne suis plus en peine que de meriter la grace de parvenir sans empeschement à la couronne du Ciel. Ie dis sans empeschement, parce que je crains vostre affection, ayant peur qu'elle ne me nuise. Car il vous est facile de faire ce que vous voulez : & il me sera fort difficile de joüir de Dieu, si vous n'avez point pitié de moy. Je souhaite que vous ne soyez touchez d'aucun desir de plaire à l'homme par une affection toute humaine : mais seulement de plaire à Dieu, selon les mouvemens ordinaires de vostre pieté & de vostre zele. Car je n'aurois jamais une semblable occasion de joüir de Dieu, ny vous de pouvoir contribuer à une œuvre plus excellente, en ne demandant point ma delivrance dans vos prieres. Si vous ne la demandez point, je seray à Dieu ; & si au contraire vous aimez ma chair, il faudra que je coure encore.　　　　　　　　Tra-

Travaillez donc plutoſt avec moy pour l'accompliſſement que je deſire luy faire de mon ſang & de ma vie ; puiſque l'Autel où je dois eſtre immolé eſt déja tout preſt, afin que compoſant enſemble un cœur uny par une charité parfaite, vous chantiez tous un Cantique d'actions de graces au Pere Eternel & à Jesvs-Christ, de ce qu'il aura daigné faire paſſer l'Eveſque de Syrie d'Orient en Occident, pour y trouver le couchant & le terme de ſa vie. Car le plus grand bien qui me puiſſe arriver jamais, eſt que je me couche pour le monde, afin que je me leve pour Dieu & en Dieu,

Vous n'avez jamais envié à perſonne ſon bonheur, & vous enſeignez auſſi aux autres à n'avoir aucune envie. Je vous prie donc que ces meſmes inſtructions que vous donnez demeurent fermes & immobiles, & que vous demandiez ſeulement par vos prieres, que j'aye des forces interieures & exterieures pour ſouffrir, que je ne me contente pas de publier par mes paroles que je le ſouhaite, mais que je témoigne par mes actions que je le veux, & que je n'aye pas le ſeul nom & la ſeule qualité de Chrétien, mais que j'en aye la

verité & l'effet. Car si j'en ay l'effet, j'en
auray aussi le nom, & je ne seray jamais
plus veritablement fidele, que lors que je
commenceray à disparoistre, & à devenir
invisible aux yeux des hommes.

Il n'y a point d'estat plus heureux que
celuy où le monde ne nous void plus, &
Jesvs-Christ nostre Dieu paroist
dautant plus aux yeux de la Foy, qu'estant
caché dans son Pere, il ne paroist pas aux
yeux de la chair. Certes on ne se fait
point Chrétien par la persuasion des
hommes, mais par la grace de Dieu principalement les Chrétiens estant haïs du
monde comme ils le sont.

J'écris aux Eglises, & leur mande à toutes, que je ne veux plus rien que mourir
pour Dieu, & il n'y a que vous qui par
vos prieres puissiez m'empescher de mourir pour luy ; Je vous conjure de ne me
témoigner point vostre amitié en une occasion & en un temps où elle me seroit
desavantageuse. Souffrez que je vous prie
que je serve de proye & de nourriture aux
bestes, puis que c'est par elles que je dois
joüir de Dieu. Je suis le froment de Dieu,
il faut que je sois moulu par les dents de
ces animaux furieux, afin que je devienne

le pain pur de JESVS-CHRIST.

Flattez donc plutoft les lions pour les exciter à me faire un fepulchre de leur ventre, & à ne laiffer rien de mon corps, afin qu'eftant mort, perfonne n'ait fujet de fe donner de la peine pour en recueil-lir & en emporter les reliques. Je devien-dray le veritable Difciple de JESVS-CHRIST, quand le monde ne verra plus rien de moy, non pas mon corps mefme.

Priez donc le Seigneur de m'accorder cette grace, que par ces inftrumens de mon fupplice, je devienne une hoftie digne de Dieu. Je ne vous parle point avec l'auto-rité de faint Pierre & de faint Paul. Ils eftoient Apoftres, & moy je ne fuis qu'un Chrétien condamné : ils eftoient libres, & jufques icy je n'ay efté encore qu'efclave, mais fi je fouffre le martyre, je feray af-franchy par JESVS-CHRIST, & je ref-fufciteray parfaitement libre. Cependant j'apprens dans mes chaînes à ne rien de-firer de tout ce qui eft au monde.

Depuis la Syrie jufqu'à Rome, je com-bats contre les beftes fur la terre & fur la mer, durant le jour & durant la nuict, eftant attaché à dix Leopards. J'appelle ainfi les Soldats qui me tiennent enchaîné, & qui me font dautant plus de mal, que je leur fais plus de bien, mais plus leurs injuſtices ſont grandes, & plus les inſtructions que j'en tire me ſont ſalutaires, quoique toutefois je ne ſois pas pour cela juſtifié.

Dieu veüille que je ſois mangé par les lions qui m'ont eſté preparez : Je le prie de les rendre ardens à me déchirer : s'ils ne le ſont, je les carreſſeray & les flatteray, afin qu'ils s'approchent de moy, qu'ils ſe portent plutoſt à me devorer, & qu'ils ne me traittent pas comme d'autres Martyrs qu'ils craignoient, & qu'ils n'ont oſé toucher. Que s'ils ne veulent point de moy, qui veux bien leur ſervir de paſture, je les y contraindray en les irritant.

Pardonnez-moy, mes chers freres, je ſçay quels biens je dois recueillir. Ie commence maintenant à eſtre Diſciple de Jᴇ-Cʜʀɪsᴛ, renonçant de bon cœur à toutes les choſes viſibles & inviſibles pour me rendre plus digne de le poſſeder luy ſeul.

Que la violence des feux, que l'horreur des croix, que la crainte des beſtes farouches, que la diſlocation des os, que la rupture des membres, que les tourmens qui déchirent toutes les parties du corps,

& enfin que toutes les tortures & toutes les gesnes qui peuvent assouvir la rage de tous les demons, viennent fondre sur moy, pourveu seulement que je joüisse de JESVS-CHRIST mon Sauveur.

Que me serviroit-il de dominer jusqu'aux extremitez du monde, & d'estre Roy de l'Univers? Ie me tiens mille fois plus heureux de mourir pour IESVS-CHRIST, que de regner sur toute la terre. Ie ne cherche que celuy qui est mort pour nous. Ie ne veux que celuy qui est ressuscité pour nous. Que je perde tout pour posseder cét unique tresor de mon ame.

Espargnez-moy, mes tres-chers freres, ne m'empeschez pas de vivre en m'en allant dans le Ciel. Ne me faites pas mourir en me retenant davantage sur la terre, puisque je ne veux qu'estre uny à Dieu; ne travaillez pas à m'en separer, par l'amour que vous avez pour un corps materiel & perissable, souffrez que j'aille contempler cette lumiere si pure, & que je devienne un homme Celeste en arrivant dans le Ciel; permettez-moy d'imiter mon Dieu dans sa Passion. Que celuy qui le possede en soy-mesme, juge par ses propres mouvemens de celuy que j'ay dans le cœur, & qu'il compatisse à l'ardeur qui me consume, par l'experience qu'il a du mesme feu qui le brusle. Le Prince du monde veut me ravir d'entre les bras de mon Dieu, & vaincre par ses efforts tous les efforts que je fais pour m'aller unir à luy. Qu'il ne soit pas dit que vous qui estes mes freres, & qui serez presens à mon Martyre, favorisiez le dessein de mon ennemy ; mais plutost soyez tous pour moy ; c'est à dire, soyez tous pour mon Dieu qui est le vostre: Que Jesvs-Christ ne soit point dans vostre bouche, si le monde est encore dans vostre cœur, & si vous le faites paroistre en voulant m'y retenir.

Ne m'enviez point mon bon-heur, & quand mesme les approches du supplice me porteroient à vous supplier de demander à Dieu ma delivrance, je vous prie de ne me pas croire alors, mais croyez plutost ce que je vous écris maintenant par cette Lettre.

Car je vous écris ayant encore du temps à vivre, & ne desirant autre chose que de mourir. Mon amour est crucifié, & le feu qui me brûle n'aime pas l'eau & le rafraîs-

chiſſement. Il eſt vivant & parlant en
moy, & il me dit au fond de mon ame:
Venez au Pere. Ie n'ay point de gouſt
pour toutes les viandes corruptibles, ny
pour toutes les delices paſſageres de cette
vie. Ie ne veux point d'autre pain que celuy de Dieu, qui eſt la chair de JESVS-
CHRIST ſorty de la race de David; je ne
veux point d'autre breuvage que ſon Sang
qui eſt la charité incorruptible.

Ie ne veux point vivre davantage ſelon
les hommes, & ie joüiray de ce bonheur
ſi vous voulez. C'eſt pourquoy je vous
prie de le vouloir, afin que vous participiez
à cette grace. Ie n'employe pas un long
diſcours pour vous faire cette priere, je
vous prie ſeulement d'adjoûter foy à mes
paroles. IESVS-CHRIST, cette bouche incapable de tout menſonge, & par
laquelle le Pere nous enſeigne la verité,
vous fera connoître que ce que je vous
dis eſt la méſme verité. Ie vous conjure de
demander pour moy, que j'arrive bien-
tôſt au bout de ma courſe. Ie ne vous
écris pas ſelon les ſentimens de la chair,
mais ſelon les ſentimens de l'Eſprit
de Dieu. Si vous voulez bien que je
meure, cette mort ſera une preuve que

D iiij

vous m'aimez veritablement. Que si vous voulez que je vive encore, ma vie sera un témoignage que veritablement vous ne m'aimez pas.

Souvenez vous en vos prieres de l'Eglise de Syrie, qui presentement a Dieu pour Pasteur au lieu de moy. Que JESVS-CHRIST seul la gouverne comme son Evesque, & que vostre charité se joigne à sa providence & à sa conduite. J'ay honte de me voir entre les Chrétiens de l'Eglise d'Antioche, parceque je n'en suis pas digne, estant le dernier de tous, & un avorton ; mais je seray quelque chose par la misericorde de Dieu, si je puis joüir de Dieu.

Mon esprit vous saluë, & la charité des Eglises qui m'ont receu au nom de nostre Sauveur JESVS-CHRIST, comme si j'avois esté l'un d'entr'eux, & non pas un étranger qui ne faisoit que passer chez eux. Car encore que je ne leur fusse rien selon la chair, elles m'ont conduit & accompagné par le chemin de Ville en Ville.

C'est de Smyrne que ie vous écris, où je suis avec plusieurs Chrétiens, les autres qui pour la gloire de Dieu m'ont accompagné depuis la Syrie jusques icy, sont

déja peut-estre arrivez à Rome ; que si
vous venez à les connoistre, je vous prie
de leur faire sçavoir que j'y dois bien-
tost arriver. Je vous souhaite une perpe-
tuelle santé du corps & de l'ame dans l'attente de l'avenement de JESVS-CHRIST.

LA VIE
DE S. IGNACE
MARTYR.
LIVRE III.
De son Martyre.

CHAPITRE I.

Il part de Smyrne, & continuë son voyage. Trajan fait cesser la persecution.

APRES que saint Ignace eut demeuré quelque temps à Smyrne, où il écrivit ces quatre belles Lettres que nous avons veuës, il partit

avec les autres Chrétiens qui l'avoient accompagné, témoignant dans tous les lieux
par où il paſſoit, qu'il brûloit du deſir d'arriver bien-toſt à Rome pour y conſom-
mer ſon ſacrifice.

Il arriva à Troye, dite Troade, baſtie
des ruines de l'ancienne, où il ſe crut obligé de demeurer quelques jours. Ce fut-là
qu'il apprit que l'Empereur Trajan donnoit quelque relâche aux pauvres Egliſes
ſi affligées de la cruelle perſecution qu'on
leur avoit ſuſcitée avec une furie toute extraordinaire, & qu'il avoit publié un Edict
d'indulgence, qui avoit ſinon donné un
commencement ſolide à une veritable
paix, au moins fait ceſſer pour quelque
temps le feu d'une ſanglante guerre.

C'eſt une choſe déplorable que de voir
la maniere dont on traite les Chrétiens de
ce ſiecle, & ſi l'on vouloit entrer dans une
connoiſſance profonde de tout ce que les
Actes de ces temps nous en diſent, ils ne
nous cauſeroient pas moins d'admiration
que d'edification en la ſainteté & la gene-
roſité de ces premiers Chrétiens. Sans
doute qu'ils feroient répandre des larmes
d'une joye ſpirituelle à ceux qui verroient
ces fervents ſerviteurs de IESVS-CHRIST,

répandre leur sang avec un courage plus qu'heroïque, & avec une joye plus digne d'Anges que d'hommes.

Les Gouverneurs écrivoient à Trajan de tous costez, qu'ils s'estoient lassez à force de punir les Chrétiens , & de les envoyer à la mort, & qu'eux cependant ne se lassoient point de souffrir le dernier supplice, & qu'ils venoient à toute heure se presenter devant eux pour leur témoigner qu'ils estoient tout prests de mourir.

Ils confessoient qu'ils avoient travaillé autant qu'il leur estoit possible par les exhortations & par les menaces, afin qu'ils cessassent d'estre hardis pour leur venir declarer qu'ils faisoient profession de cette doctrine; mais que toutes les persecutions qu'ils avoient souffertes, ne leur avoient rien fait perdre de leur hardiesse.

Il y avoit mesme des Grecs qui achetoient les Offices & les Magistratures des Romains, dans le dessein d'acquerir la faveur & les bonnes graces des Empereurs qui vivoient alors ; par l'excez & par la cruauté des supplices qu'ils tireroient des Chrétiens qui refusoient d'adorer leurs idoles ; & neantmoins ces ames brutales confessoient enfin que desormais , ils ne

pouvoient plus suffire à mettre à mort
tant de personnes qui venoient elles-mes-
mes pour estre égorgées.

On ne pouvoit concevoir quelle estoit
cette sorte de coupables. Les autres criminels s'efforcent de se cacher, ils tremblent
estans pris, ils dénient le crime estans ac-
cusez ; ils ne le confessent pas mesme toûjours, ny facilement estants mis à la torture : mais on ne voyoit rien de semblable
dans les Chrétiens ; si on les déferoit en
Iustice, ils s'en glorifioient ; si on les ac-
cusoit, ils ne se defendoient pas , & estans
interrogez, ils confessoient d'eux-mesme ;
estans condamnez, ils en rendoient graces.

Quelle est cette espece de mal qui n'a
point les qualitez naturelles au mal, la
crainte, la honte, les déguisemens, les fui-
tes, la repentance, & les regrets ? Quelle
est cette espece de mal dont on se réjoüit
d'estre tenu pour coupable, dont l'accusa-
tion est un bien que l'on souhaite, & la punition une felicité que l'on cherit.

Cependant on ne pouvoit croire qu'ils
fussent innocens , on consumoit contr'-
eux tout ce que les tortures des questions
avoient de terrible ; & tout le crime qu'on

pouvoit découvrir, estoit une resolution inviolable de ne commettre jamais aucun crime.

L'animosité de quelques Gouverneurs voyans les efforts de leur cruauté inutile contre les hommes, leur faisoit esperer qu'ils pourroient découvrir facilement tout le mal dont ils croyoient cette Secte infectée, s'ils tournoient la rigueur de leurs tourmens contre les principales Dames qui en faisoient profession. Ils confessoient eux - mesmes qu'ils n'avoient point épargné leur delicatesse, qu'ils avoient employé contr'elles tout ce qu'il y a de plus rigoureux dans les tortures : mais qu'ils n'avoient rien trouvé contr'elles qu'une superstition dont les esprits estoient prevenus, avec non moins d'illusion & de tromperie, comme ils disoient, que d'excez & de chaleur.

S'il se trouvoit quelque mal-heureux Apostat assez lasche pour trahir leur Religion, & pour maudire Iesvs-Christ, on croyoit que c'estoit une occasion favorable pour connoistre tout le secret de cette nouvelle Religion, auquel ces miserables traîtres avoient eu part autrefois ; mais ne pouvans dire que ce qu'ils avoient veu, ils affeuroient que tout ce qu'ils avoient fait dans cette Religion, ou par leur faute, s'ils eftoient coupables, ou par leurs erreurs, s'ils eftoient trompez, eftoit qu'ils avoient accouftumé de s'affembler en certains jours reglez avant le lever du Soleil, de chanter tous enfemble des Hymnes & des Cantiques en l'honneur de Jesvs-Christ comme Dieu; & de s'obliger par leur Religion, & par leurs Myfteres, non à commettre quelque action criminelle, mais à ne commettre ny larcin, ny brigandage, ny adultere; à ne point violer la foy donnée, & à ne point defavoüer un depoft qu'on leur avoit confié eftans appellez pour le reconnoiftre: qu'en fuite ils avoient accouftumé de fe retirer, & puis de fe raffembler, pour prendre leur repas, qui n'avoit rien que de commun & d'innocent.

Toutes ces relations faifoient juger, mefme aux plus endurcis, que c'eftoit une neceffité affez fâcheufe de perdre tant de perfonnes de tout âge, de toute condition, & mefme de l'un & de l'autre fexe, en qui leurs plus mortels ennemis ne trouvoient rien à reprendre que leur fermeté opiniaftre, & leur obftination inflexible à ne point sacrifier aux Dieux comme le reste des hommes.

On commençoit à plaindre toutes ces miserables victimes, qui malgré toutes les menaces dont on tâchoit de les intimider, ne se lassoient point de s'offrir tous les jours eux-mesmes à la mort : & on cessoit peu à peu de les regarder comme des personnes abominables, indignes de la vie, & moins considerables que les bestes mesmes, à qui on les faisoit servir de pasture.

L'Empereur Trajan fut touché luy-mesme de ce grand nombre de Chrétiens que les Gouverneurs de Province luy mandoient avoir tué ou bannis ; de la constance avec laquelle ils se presentoient en foule à la mort, & de l'innocence qu'on avoit trouvée dans leur discipline & en leurs mœurs, aprés l'exacte recherche qu'on en avoit faite par des tortures cruelles.

Il donna donc ordre à tous les Gouverneurs qu'on ne recherchast plus les Chrétiens pour les condamner à la mort, adjoûtant, que si on les deferoit, & qu'ils fussent convaincus de l'estre, il les falloit punir ; en telle sorte neantmoins que celuy qui nieroit d'estre Chrétien, & qui le justifieroit en effet, en sacrifiant aux Dieux, obtiendroit par la repentance le pardon pour l'advenir, quoiqu'il euft efté suspect par le passé.

Cét Edict donna quelque tréve aux maux que l'on faisoit souffrir aux Chré-tiens, quoiqu'il se contredise si visible-ment. Car y a-t-il une contradiction plus manifeste que celle qui est necessairement enfermée dans cette Ordonnance de l'Em-pereur ? Il defend de rechercher les Chré-tiens comme innocens, & il ordonne de les punir comme coupables. Il use en mesme temps d'indulgence & de rigueur: il dissimule une faute, & puis la chastie. Ordonnance Imperiale, pourquoy vous combattez-vous vous-mesme ? Si vous or-donnez la condamnation d'un crime, pour-quoy n'en ordonnez-vous pas la recher-che: & si vous en defendez la recherche, pourquoy n'en ordonnez-vous pas l'ab-solution ?

Il y a des Compagnies d'Archers & de Soldats establies par toutes les Provin-ces de l'Empire, pour rechercher les vo-leurs : & de plus tout homme est Archer & Soldat, pour découvrir & pourfuivre les criminels de leze-Majefté, & les ennemis publics ; & on eſtend cette recherche juſques à leurs complices, à leurs rece-leurs, à leurs confidents : & il n'y a que les Chrétiens qu'il eſt defendu de recher-cher en tous les lieux, & qu'il eſt permis de denoncer en Juſtice, comme ſi cette re-cherche devoit d'elle meſme produire au-tre choſe qu'une denonciation ; & ainſi lors que vous condamnez celuy qu'on de-nonce ſans que vous vouliez qu'on le re-cherche, vous donnez lieu de croire qu'il n'a pas merité le ſupplice, parcequ'il a eſté trouvé coupable, mais ſeulement parce-qu'il a eſté trouvé Chrétien, quoiqu'il ne duſt pas eſtre recherché comme Chrétien ſelon l'Ordonnance.

Et en effet, encore que par cét Ediſt de Trajan, l'ardeur de cette cruelle perſecu-tion qui s'eſtoit émuë contre les Chré-tiens, fuſt éteinte en quelque maniere : toutefois ceux qui leur vouloient du mal, trouvoient bien facilement le moyen de leur en faire ; puiſque d'un coſté le peu-ple, & de l'autre toutes ſortes de Magi-ſtrats & d'Officiers leur tendoient des pieges & des embuſches : de ſorte qu'enco-re qu'ils ne les perſecutaſſent pas publi-quement & ouvertement ; neantmoins

dans chaque Province particuliere, ils re-
nouveloient leur inhumanité contr'eux,&
faisoient souffrir plusieurs genres de Martyres aux fideles Confesseurs de Iesvs-
Christ.

Ainsi cet Edict d'indulgence ne s'estant
pas estendu jusques à Rome où la persecution dura toûjours, ny aux Provinces
plus éloignées, n'apporta gueres de soula-
gement qu'aux Eglises d'Orient, & principalement d'Antioche, où l'Empereur
estoit lors qu'il publia cette Ordonnance,
& où il estoit demeuré depuis le parte-
ment de saint Ignace, pour se preparer à
la guerre d'Armenie.

Ce fut une consolation incroyable à
nostre Saint, de sçavoir que sa chere Eglise
d'Antioche avoit obtenu de Dieu la paix
qu'il avoit toûjours souhaitée, & qu'il demandoit continuellement à Dieu dans ses
prieres. Il ne pût s'empescher de la faire
paroistre aux deux Eglises, ausquelles il
écrivit aussi-tost qu'il fut à Troade.

Ces deux excellentes Lettres estant
presque comme les dernieres paroles de
ce grand homme qui couroit à la mort,&
les dernieres productions de ce rare esprit,
qui ressentoit déja par avance les chaleurs

& le feu Celeste de l'autre vie ; il est impossible de ne pas desirer ardemment de les lire, & elles ne paroistront en rien inferieures aux quatre autres que nous avons veuës. Il estoit necessaire pour bien entendre ce qu'il dit de la paix de l'Eglise, de rapporter en peu de mots comme nous avons fait, l'estat où elle estoit alors, & les causes de ce changement heureux qui donna tant de consolation à nostre Saint.

CHAPITRE II.

LETTRE DE S. IGNACE
aux Chrestiens de Philadelphie.

Il leur rapporte une voix qu'il avoit entenduë du saint Esprit : & les instruit contre ceux qui revoquoient en doute la verité des Livres Saints.

J'Ay reconnu que vostre Evesque n'a point receu de soy mesme, ny des hommes, ny de la vaine gloire, le ministere qu'il

exerce pour le bien commun de voſtre
Egliſe, mais de ſon amour pour Dieu &
pour Noſtre Seigneur JESVS-CHRIST.
J'ay eſté eſtonné de ſa modeſtie, & je ne
crains point de dire, qu'il peut plus par ſon
ſilence, que les autres par leur parole
moins grave, & moins ſolide. Je vous
eſtime heureux d'eſtre attaché à ſes ordres & à ſa conduite, comme les cordes
à une harpe : & mon ame benit l'attache-
ment de ſa volonté à celle de Dieu, ſçachant que ſon ame eſt affermie dans la
douceur, dans la vertu, & dans toute la
perfection du Dieu vivant, qu'il la rend
immobile & inébranlable, aux mouvemens de la paſſion, & de la colere.

Puis donc que vous eſtes enfans de la lumiere & de la verité ; fuyez les diviſions &
les mauvaiſes doctrines, & comme brebis
ſuivez voſtre Paſteur par tout où il va.
Car il y a pluſieurs loups qui par leur at-
trait & leur flatterie, ſemblent dignes de
creance dans leur parole, & enchaînent
par les liens de captivité & de ſervitude,
ceux qui courent dans la voye de Dieu,
mais ils ne peuvent rien dans voſtre unité, & voſtre concorde. Gardez-vous de ces
plantes pernicieuſes que JESVS-CHRIST

ne cultive point, parce qu'elles n'ont pas esté plantées de la main du Pere.

Ce que je ne vous dis pas acause que j'ay trouvé des divisions parmy vous, mais plutost une charité purifiée & separée de tout mélange de schisme. Car tous ceux qui sont à Dieu & à JESVS-CHRIST, sont liez avec l'Evesque; & ceux qui estans touchez de repentance retourneront à l'unité de l'Eglise, recommenceront d'estre à Dieu pour vivre selon JESVS-CHRIST. Ayez donc soin de n'user que d'une seule Eucharistie : car il n'y a qu'une seule chair de Noftre Seigneur JESVS-CHRIST, & un seul Calice qui nous unit en son Sang : un seul Autheur, comme un seul Evesque avec les Prestres & les Diacres mes Conserviteurs : c'est ainsi que vous devez agir, afin que ce que vous faites soit fait selon Dieu.

Il y en a qui m'ont voulu seduire par des voyes humaines & charnelles, mais l'esprit qui vient de Dieu n'est point susceptible de seduction; car il connoist d'où il vient, & où il va, & il découvre & condamne les choses cachées. J'ay crié hautement au milieu d'eux, j'ay dit à haute voix : suivez l'Evesque, les Prestres, & les Diaores ; & celuy pour qui je suis captif, m'est témoin, que je n'ay rien connu en ce poinct par voix humaine, c'est le saint Esprit qui a publié cét Oracle en ces paroles ; Ne faites rien sans l'Evesque ; conservez vostre corps comme le Temple de Dieu, & aimez l'unité, fuyez les divisions, soyez imitateurs de Jesvs-Christ, comme luy-mesme a esté imitateur de Dieu son Pere.

Ainsi j'ay fait tout ce que j'ay pû comme un homme amateur de l'union & de la paix. Car Dieu n'habite point où est la division & la colere. Il pardonne tous les pechez à ceux dont la penitence les reduit dans l'union de Dieu, & dans la soûmission à la conduite de leur Evesque. J'ay cette confiance en la grace de Jesvs-Christ qu'elle deliera tous vos liens. Je vous exhorte de ne rien faire avec un esprit de dispute & de contention, mais selon la discipline de Iesvs-Christ. J'en ay entendu qui disoient : Si je ne le trouve dans les anciennes Escritures, je ne le croiray point dans l'Evangile. Et quand je leur disois : *Il est écrit*, Ils me répondoient : *Il est precedemment écrit*. Mais quant à moy Jesus-Christ est mes anciennes

Escritures. Oüy mes anciennes & inviolables Escritures sont sa Croix, sa Mort, sa Resurrection, & la Foy que j'ay en luy. C'est par toutec ces choses que j'espere estre justifié avec l'aide de vos prieres.

Les Prestres sont bons, mais le Prince des Prestres est éminent au dessus de tout. C'est à luy à qui le saint des saints a esté ouvert, c'est à luy à qui les secrets & les mysteres de Dieu ont esté confiez. C'est luy qui est la porte du Pere par laquelle Abraham, Isaac & Iacob, les Prophetes, les Apostres & l'Eglise sont entrez : tout cela est lié par l'unité d'une mesme Foy.

Mais ce que l'Evangile a de plus que les anciennes Escritures, est l'avenement & la presence de nostre Sauveur JESVS-CHRIST, sa Passion & sa Resurrection.

Les Prophetes ont annoncé sa venuë, mais l'Evangile est la perfection de ce qu'il y a de plus pur & de plus incorruptible. Toutes ces choses ensemble vous sont bonnes, si vous croyez par une foy jointe à la charité.

Au reste, parce que j'ay appris que le merite de vos prieres, & de vos entrailles si tendres pour IESVS-CHRIST, a procuré ia paix à l'Eglise d'Antioche de Syrie,

il est

il est à propos que vous qui composez
l'Eglise de Dieu, choisissiez un Diacre que
vous y envoyïez comme en ambassade de
la part de Dieu, afin qu'il se réjoüisse avec
les freres qu'il y trouvera tous assemblez,
& qu'il glorifie avec eux le nom du Seigneur. Celuy qui sera jugé digne de ce ministere, sera aussi heureux en JESVS-
CHRIST, que vous en serez illustres &
glorieux. Cette legation qui se fera pour
le nom de Dieu, ne vous est pas impossible, comme elle ne l'a pas esté aux Eglises
les plus proches d'Antioche, dont les unes
y ont envoyé des Evesques, les autres des
Prestres, & les autres des Diacres.

Quant à Philon Diacre de Cilicie, qui
est un homme si estimé de tous, & qui
exerce maintenant le Ministere de la parole, avec Rhée & Agatopede homme d'un
singulier merite, qui m'a toûjours accompagné depuis la Syrie, renonçant à toutes
les considerations ; je suis obligé de reconnoistre qu'ils m'ont rendu un grand témoignage de vous : Et je rends graces à
Dieu pour vous, de ce que vous les avez
receus avec la mesme bonté que je desire
que Dieu vous reçoive. Et je le prie qu'il
delivre par la grace de JESVS-CHRIST

ceux qui les ont couverts d'opprobre & d'ignominie.

La charité des freres qui sont à Troade vous saluë; c'est là que je vous écris par Burrhus, qui a esté envoyé avec moy d'Ephese & de Smyrne par civilité & par honneur. Je souhaite qu'en recompense de cét honneur qu'ils m'ont fait, ils soient honorez de Jesvs-Christ, en qui ils esperent dans la chair, dans l'Ame, dans la Foy, dans l'amour & dans la paix: Je vous saluë en Iesvs-Christ nostre commune esperance.

CHAPITRE III.

LETTRE DE S. IGNACE
aux Chrétiens de Smyrne.

Il les fortifie avec non moins d'eloquence que de zele, contre les heretiques qui combattoient le Mystere de l'Incarnation.

IGNACE, aussi nommé Theophore, à l'Eglise de Dieu le Pere, & de son cher

Fils Jesvs-Christ, laquelle est à Smyrne en Asie, que Dieu a favorisée de ses
graces, qu'il a remplie de Foy & d'amour,
qu'il a comblée de tous les dons du Ciel,
qui estant toute divine fait honneur à
Dieu, & estant toute sainte, porte en elle-
mesme le Saint des Saints, abondance de
joye dans la pureté de l'esprit, & de la parole de Dieu.

Ie rends gloire à Jesvs-Christ Dieu,
de ce qu'il vous a rendu si sages. Car j'ay
reconnu que vous possedez en perfection
une foy immobile & inébranlable, comme
des personnes attachées & clouées du
corps & de l'ame à la Croix de Jesvs Nostre Seigneur; que vous estes affermis dans
l'amour divin par le Sang de Jesvs-
Christ, & pleins d'une ferme confiance en Nostre Sauveur, qui estant Fils de
Dieu, & veritablement descendu de la race de David selon la chair, & par la volonté & la puissance de Dieu, est nay veritablement d'une Vierge; qui a esté baptisé par Jean, afin qu'il accomplist toute justice; qui a esté veritablement Crucifié
pour nous dans son corps sous Ponce Pilate, & sous Herodes Tetrarque, qui nous
a produit comme des fruits de son Sang

par sa divine & bien-heureuse Passion, &
a élevé par sa Resurrection jusques à la fin
du monde, l'estendart de la Croix pour les
Saints & les fideles, soit Iuif ou Payen, les
rassemblant dans un mesme corps de son
Eglise.

Car il a souffert tout cela pour nous &
pour nous sauver ; & il est mort aussi veritablement qu'il s'est ressuscité soy-mesme, & non pas seulement en phantosme
& en apparence, comme disent quelques
infideles, n'ayant eux-mesmes que l'apparence d'hommes raisonnables, & se redui-
sant à devenir semblables à leur doctrine
erronée, en devenant phantastiques & de-
moniaques.

Quant à moy, je sçay qu'il avoit une
chair veritable aprés sa Resurrection, & je
crois qu'il en est revestu encore presentement ; & lors qu'il vint trouver ceux qui
estoient avec Pierre, il leur dit : Maniez
mon corps, & touchez-moy, & voyez que
je ne suis pas un demon corporel ; & l'a-
yans touché, aussi-tost ils crurent, estans
convaincus de la verité de sa chair & de
son esprit. Cette Foy leur a fait mépriser la mort, & les a élevez au dessus de la
mort mesme, sçachans qu'il avoit beu &

mangé avec eux felon la chair, aprés fa Refurrection, quoique felon l'efprit il fuft toûjours uny au Pere.

Ce que je vous d is, mes tres-chers freres, quoique je fois affeuré que vous avez la mefme creance ; mais je defire vous fortifier par avance contre les beftes farouches qui n'ont que l'apparence d'une forme humaine, & lefquelles vous ne devez pas feulement ne point recevoir, mais les fuïr & les éviter, pour ne les pas rencontrer mefme s'il eft poffible. Il vous refte feulement de prier pour eux, quoique leur converfion & leur penitence foit difficile ; mais cét ouvrage dépend de la puiffance de I ɛ s v s-C h r i s t noftre veritable vie.

Que s'il n'a rien fait qu'en apparence, je puis croire auffi que je ne fuis lié de chaînes qu'en apparence, Hé pourquoy me livreray-je à la mort, aux flammes, à l'épée, aux beftes ? Mais celuy qui eft prés de l'épée eft prés de Dieu, & celuy qui a les beftes prefentes à l'entour de foy, a Dieu auffi prefent avec elles. Ce n'eft que pour le nom de J ɛ s v s-C h r i s t, & pour l'imiter en fes fouffrances, que je fuis preft de fouffrir tous ces tourmens,

E iij

estant fortifié par luy-mesme, qui a esté homme parfait.

Cependant il est rejetté par ceux qui ne le connoissent pas, ou plutost c'est luy qui les rejette & qui les renonce, estans des Predicateurs de mort, & non pas de verité, & ne se rendans ny aux Prophetes, ny à la Loy de Moyse, ny aux persecutions, ny aux douleurs que nous souffrons nous-mesmes. Et puis-je agréer que quelqu'un me loüe s'il blaspheme contre mon Seigneur, en ne confessant pas qu'il ait porté en son corps une veritable chair?

Certes, quiconque nie cette verité, le rejette & le renonce absolument, & porte la mort dans son corps & dans son ame; je ne daignerois pas seulement nommer leur nom, estans infideles, & à Dieu ne plaise que je parle d'eux, jusques à ce qu'ils se convertissent par la Penitence, & qu'ils recourent à la Passion de JESVS, qui est nostre resurrection.

Que personne ne se trompe, les creatures qui sont dessus le Ciel, les Anges tous glorieux qu'ils sont, les Princes visibles & invisibles, sont asseurez d'estre condamnez, s'ils ne croyent au Sang de JESVS-CHRIST. Que celuy qui peut compren-

dre cette verité, la comprenne & la con-
fidere ; que nul ne s'enfle & ne s'éleve
par son rang, & par sa qualité. Car rien ne
peut meriter d'estre estimé grand, que la
Foy & l'amour de Dieu, & rien n'est preferable à ces deux vertus.

Au reste, considerez combien ceux qui
soûtiennent des opinions étrangeres contre la grace de JESVS-CHRIST, qui
s'est répanduë sur nous, sont opposez par
leur conduite aux enseignemens divins.
Ils n'ont aucun soin des œuvres de charité,
ny des veuves, ny des orphelins, ny des
affligez, ny de ceux qui sont prisonniers, ou
libres, ny de ceux qui ont faim ou soif : ils
se retirent de l'Eucharistie, & de l'Oraison
commune, parce qu'ils ne confessent pas
que la chair de Nostre Sauveur JESVS-
CHRIST soit morte pour nos pechez, laquelle le Pere par sa bonté a ressuscitée.
Et ainsi s'opposant à ce don de Dieu, leur
contradiction leur cause la mort, & ils ne
peuvent se relever de leur cheute, qu'en
aymant ce qu'ils haïssent.

C'est pourquoy l'on doit s'éloigner de
ces personnes, & ne parler avec eux, ny
en particulier, ny en public, s'arrestant
aux Prophetes, & sur tout à l'Evangile, où

la Paſſiou & la Reſurrection de J E S V S-
C H R I S T nous ſont fidelement repreſen-
tées. Fuyez auſſi les diviſions comme le
principe de tous les maux ; ſuivez tous
l'Eveſque, comme I E S U S-C H R I S T ſuit
ſon Pere ; ſuivez le Clergé des Preſtres,
comme les Apoſtres ; & reverez les Diacres comme les Miniſtres de Dieu. Que
perſonne ne faſſe rien ſans l'Eveſque, de
toutes les choſes qui regardent l'Egliſe:
Que cette Euchariſtie ſoit eſtimée legiti-
me qu'il celebre luy meſme, ou qu'il permet eſtre celebrée : Que la multitude des
fideles ſe trouve par tout où ſe trouve l'E-
veſque, comme l'Egliſe Catholique eſt
par tout où eſt J E S V S-C H R I S T. Il n'eſt
pas permis de baptiſer, ny de faire le banquet ſans l'Eveſque ; mais ce qu'il aura
trouvé bon ſera auſſi agreable à Dieu. C'eſt
de cette ſorte qu'on doit agir, pour agir le-
gitimement & ſeurement.

Il eſt donc raiſonnable que nous chan-
gions deſormais noſtre conduite, & que
nous retournions à Dieu par la Penitence,
puiſque nous en avons encore le temps.

Pour ſe bien gouverner, il faut regarder
Dieu, & l'Eveſque ; Celuy qui honore ſon
Eveſque, eſt honoré de Dieu, & celuy qui

fait quelque chose sans en donner connoissance à l'Evesque, il rend un culte religieux au Demon.

Qu'on voye donc une abondance de grace dans toutes vos actions, puisque vous en estes dignes. Vous m'avez assisté en toutes manieres , je prie JESVS-CHRIST qu'il vous assiste de mesme : vous m'avez aimé present & absent, je le prie qu'il vous le rende, & qu'en souffrant tout pour luy comme vous faites , vous vous asseuriez le bonheur de joüir de luy.

Je vous remercie de ce que vous avez receu comme les Ministres de JESVS-CHRIST, Philon, Rhée, & Agatopede, qui m'ont suivy pour la Predication de la parole de Dieu, & je luy rens graces pour vous de ce que vous leur avez rendu toute sorte de charité & de bons offices ; mais pour ne perdre rien de ces bonnes œuvres, je suis prest de mettre mon ame pour la vostre, & d'y joindre encore mes chaînes, lesquelles vous n'avez pas méprisées , & dont vous n'avez pas rougy , comme aussi JESVS-CHRIST , qui est parfaitement fidele en ses promesses, ne rougira pas de vous.

E v

Le merite de vos prieres ayant procuré la paix à l'Eglise d'Antioche de Syrie, permettez moy de les saliier tous, reconnoissant qu'encore que je sois lié de chaînes, qui sont honorables à Dieu, je ne merite pas d'estre du nombre de ceux de cette Eglise, estant le dernier de tous ceux qui ont le bonheur d'en estre. Il a plû à Dieu que j'en fusse par sa volonté, & ce n'a pas esté par la pureté de ma conscience que j'en suis devenu digne, mais par sa grace, laquelle je souhaite qu'il me donne grande & parfaite, afin qu'estant secouru de vos prieres, je puisse le posseder.

Mais pour rendre vostre œuvre accomplie sur la terre, & dans le Ciel, il est à propos que pour l'honneur de Dieu, vostre Eglise choisisse quelque sacré Legat, qui aille côgratuler celles de Syrie, de ce qu'elles ont obtenu la paix, de ce qu'elles sont rentrées dans leur premier estat, & de ce qu'elles ont recouvré tout leur petit corps.

Il me semble qu'il est digne de Dieu de leur envoyer quelqu'un des vostres, avec lettre, afin qu'il glorifie avec eux la bonté de Dieu, qui leur a rendu le calme, & les a fait iouïr du repos & de la douceur du port par vos Oraisons. Il est raisonnable qu'eftans parfaits comme vous eftes, vous ne faffiez rien que de parfait; & fi vous voulez faire cette bonne œuvre, Dieu eft preft à vous en donner la recompenfe.

La charité des freres qui font à Troye, vous faluë, c'eft de là que je vous écris par Burrhus que vous avez envoyé pour m'accompagner, avec vos freres d'Ephefe, & qui m'a rendu des preuves de fa charité en toutes façons : je fouhaite que tous les autres l'imitent, eftant un modele du fervice qu'on doit rendre à Dieu; je prie Noftre Seigneur que fa grace le recompenfe de tout.

Je faluë l'Evefque digne de Dieu, les Diacres mes Conferviteurs, & tous les autres en particulier & en general, au nom de IESVS-CHRIST, de fa Chair, de fon Sang, de fa Refurrection charnelle & fpirituelle, dans l'unité de Dieu & la voftre. Que la grace, la paix, la mifericorde, & la patience foient toûjours en vous.

Je faluë les familles de mes freres, avec leurs femmes & leurs enfans, les vierges & les veuves appellées au fervice de l'Eglife : je defire que la vertu du faint Efprit vous preferve de tout mal. Je faluë la famille de Tavie & Alcée cette femme qui

E vj,

m'est si chere, soyez exempts de tout
mal par la grace de Dieu.

CHAPITRE IV.

SVITE DV VOYAGE DE Saint Ignace, son arrivée à Rome, & sa mort.

SAINT Ignace fut conduit de Troye à
Naples de Trace, qui est la mesme rou-
te de saint Paul dans les Actes des Apostres; de Naples il alla par terre à la ville
de Philippes, & passa toute la Macedoine,
& l'Epire prés Dyrraque, d'où il s'embar-
qua sur la mer qui est proche de ce lieu.

Il navigea par le Golphe Adriatique,
puis il rentra dans la mer de Toscane, &
passant auprés des Isles, & des Villes, le
Saint apperceut Poussoles, où il desiroit de
descendre à terre, voulant suivre le mesme
chemin de l'Apostre saint Paul. Mais ne
luy estant pas permis, acause d'un vent
tres-violent qui survint & qui repoussa le
vaisseau, il loüa la charité & le bonheur
des freres, qui demeurerent en ce lieu, &
continua son chemin.

Ce grand homme laiſſoit tous les fideles qu'il viſitoit dans ce dernier voyage, affligez au dernier point, de ce qu'ils ſe voyoient obligez d'eſtre éloignez de luy contre leur volonté : ils gemiſſoient de la derniere ſeparation qui les devoit bientoſt priver de ſa preſence, & ne pouvoient n'eſtre point touchez de ce qui arrivoit à ce Iuſte ſelon ſon deſir, parce qu'il ſouhaitoit de ſortir promptement du monde, afin de poſſeder le Seigneur qui avoit eſté ſon unique amour.

Mais pour achever le recit de cette derniere Partie de la vie de noſtre illuſtre Martyr, nous ne pouvons rien faire de plus à propos, que de nous ſervir des propres paroles de ces grands Saints qui l'avoient accompagné depuis Antioche, & qui rapportent ce qu'ils avoient veu euxmeſmes. Voicy ce qu'ils en diſent.

Quand nous fûmes arrivez à la ville de Port, les cruels Soldats ſe fâchoient du retardement, & le ſaint Eveſque leur obeiſſoit avec joye, eſtant preſſé par eux de marcher en diligence, parcequ'ils voyoient approcher la fin de la pompe des ſpectacles, & de cette vaine magnificence du ſiecle.

Lors que nous fûmes partis de cette Ville, & que le bruit de l'arrivée de noftre faint Martyr fût répandu en divers lieux, nous rencontrâmes des freres qui venoient audevant de nous, & qui eftoient remplis de joye & de triftefle tout enfemble.

Car ils fe réjoüiffoient d'une part d'eftre affez heureux pour fe pouvoir entretenir avec Theophore ; & de l'autre ils eftoient triftes de voir qu'un fi excellent homme eftoit conduit à la mort.

Et parceque quelques-uns eftant émeus de ferveur difoient affez hautement, que le peuple ne devoit pas fouffrir ny defirer la mort d'un homme fi jufte, il leur impofa filence, & les ayant auffi-toft reconnus pour Chrétiens par la lumiere du faint Efprit, il les faluä tous, & les conjura d'avoir une veritable charité pour luy. Et aprés qu'il eut parlé de plufieurs chofes qu'il leur avoit déja écrites dans fa Lettre, il les exhorta à n'envier pas le bonheur d'un homme qui defiroit d'aller promptement à Dieu : & les ayant ainfi calmez, ils fe mirent tous à genoux, & il pria avec eux le Fils de Dieu d'avoir pitié des Eglifes, de mettre fin à la perfecution, & de confer ver la charité entre les fideles.

Apres cette priere toute ardente, il fut
soudain conduit dans l'amphitheatre, &
selon l'ordre qu'en avoit donné l'Empereur, ce venerable vieillard fut exposé aux
bestes cruelles par ces impies, qui estoient
accourus de toutes parts pour en avoir le
plaisir.

Le desir de ce glorieux Martyr fut promptement accomply, selon ces paroles de
l'Escriture. Le desir du Iuste est agreable
au Seigneur. Car il souhaittoit qu'aucun
de nous, ny des autres freres, n'eust la peine de recueillir ses Reliques, ainsi qu'il
leur avoit mandé auparavant dans sa Lettre, en leur témoignant la passion qu'il
avoit d'estre devoré, ce qui arriva comme
il le vouloit, n'estant resté que les plus
gros, & les plus durs de ses os sacrez.

Apres que nous eusmes veu nous-mesmes de nos propres yeux ce triste spectacle, qui nous fit répandre beaucoup de
larmes, nous demeurâmes toute la nuit
dans la maison en veilles & en prieres, sup-
pliants Nostre Seigneur à genoux de nous
consoler de cette mort, en nous donnant
quelque gage asseuré de la gloire qui l'a-
voit suivie. Dans cette consternation generale de nous tous, quelques-uns s'estans

un peu endormis , virent foudain faint Ignace qui nous embraffoit ; quelques autres auffi le virent fondant en fueur, comme une perfonne qui fort d'un penible & d'un laborieux combat ; & ils dirent qu'il prioit debout devant le Seigneur pour nous tous , & qu'il fe tenoit devant luy avec une confiance merveilleufe , & une gloire ineffable.

Ayans efté remplis de joye d'une telle vifion , nous rendîmes de tres-humbles actions de graces à l'Autheur de ces biens , & glorifiants ce Saint. Nous vous avons declaré le jour & le temps de fa mort, afin de nous affembler tous les ans, pour honorer fon Martyre, dans l'efperance de participer à la victoire de ce genereux Athlete & Martyr de JESVS-CHRIST, qui a foulé le diable aux pieds, & diffipé jufques à la fin toutes fes embûches ; & pour celebrer fa memoire toûjours venerable & toûjours fainte, en rendant hommage à Noftre Seigneur IESVS-CHRIST , par lequel & avec lequel foit gloire & puiffance au Pere, avec l'Efprit faint dans l'Eglife fainte, par tous les fiecles des fiecles.

. C'eft icy que finiffent ces Actes, par lef-

quels il paroift, que la verité eft, qu'il ne
refta que fes os, comme ce grand Saint
l'avoit defiré; à quoy ce que faint Jean
Chryfoftome & tous les autres anciens
Grecs ont écrit de luy, eft conforme,
quoique les Latins pofterieurs témoi-
gnent que les Lions l'étoufferent feulement fans le devorer; ce qui n'eft pas veritable. Et bien que l'on voye encore des
vers dans quelques Eglifes, où il eft repre-
fenté tout entier fur le fable, avec un
Lion qui luy léche les pieds, par un pretendu miracle, que toute l'antiquité Ecclefiaftique defavouë, & que le Maiftre
de la nature n'a pas voulu faire, pour faire plutoft la volonté de fon ferviteur qui
fouhaitoit, comme il le témoigne par fes
Lettres, que, pour rendre le fpectacle de
fon Martyre, & fon facrifice plus accomply dans la terre & dans le Ciel, fon corps
fuft emporté par les Lions dans leur ventre,
& fon ame par les Anges dans le fein de
Dieu. Ce qui montre encore que ce qu'on
a dit depuis, qu'on avoit trouvé le Nom
de IESVS gravé dans fon cœur, eft une
fable.

Les os facrez de ce Saint furent emportez à Antioche, où ils furent enfermez

dans une chasse comme un tresor inestimable.

Ecoutons maintenant les magnifiques loüanges que saint Chrysostome a données à ce Martyr : & que ceux qui combattent la veneration des Reliques, écoutent ce qu'il a prononcé sur celles de nostre Ignace, en la grande Eglise d'Antioche.

CHAPITRE V.

SECONDE PARTIE
De l'Homelie de saint Chrysostome, touchant le Martyre & les Reliques de saint Ignace.

IL s'excita autrefois une horrible guerre contre l'Eglise, & tout l'Univers estant alors opprimé d'une tres cruelle tyrannie, on prenoit les hommes au milieu des places publiques & des assemblées, quoiqu'ils fussent innocens, n'ayans fait autre chose que de quitter les erreurs des fausses divinitez, pour embrasser la pieté de la veritable Religion; & d'abandonner la superstition des Demons, pour recevoir la con-

noiſſance du vray Dieu, & ſe conſacrer au
ſervice unique de ſon Fils qu'ils adoroient.

Au lieu que ceux qui avoient embraſſé
la Foy de IESVS-CHRIST meritoient
d'eſtre honorez des plus excellentes charges, d'eſtre comblez des plus grands honneurs, & d'eſtre recompenſez des couronnes les plus glorieuſes ; ils eſtoient livrez
à des tourmens innombrables, & condamnez à des ſupplices tres-rigoureux ; mais
principalement les Eveſques que l'on recherchoit plus que les autres. Car le Demon qui ne penſe qu'à exercer ſa malice ar-
tificieuſe, & à tendre des pieges conti-
nuels, s'eſtoit figuré, que s'il pouvoit ravir les Paſteurs à leurs brebis, il ravage-
roit aiſément tous les troupeaux.

Mais Dieu qui ſe plaiſt à confondre
la fineſſe des plus fins, voulant montrer
que ce ne ſont pas les hommes qui gouvernent l'Egliſe, mais que c'eſt luy qui
conduit & qui conſerve toûjours ceux qui
croyent en ſon nom, il permettoit ce de-
ſordre, afin que noſtre ennemy, & ceux qui
le ſervent, voyant qu'encore que les Prelats fuſſent oſtez de ce monde, la Religion
neanmoins ne s'effaçoit pas des cœurs, &
que la lumiere & la predication de la veri-

té ne s'éteignoit pas, mais au contraire se multiplioit & se répandoit, ils reconnussent par cét exemple, que la Religion des Chrétiens ne tient point à la terre, mais qu'elle a ses racines dans le Ciel ; que c'est Dieu qui soustient & defend l'Eglise, & que lors que les hommes font la guerre à Dieu, ils ne peuvent jamais retourner victorieux.

Mais ce n'estoit pas là la seule ruse du vieux serpent, il en pratiquoit une autre qui n'estoit pas moins pernicieuse, en ce qu'il empeschoit souvent que l'on fist mourir les Evesques dans les Villes, où ils exerçoient leur puissance, & les faisoit conduire en d'autres fort éloignées, où ils souffroient le Martyre.

Il pretendoit qu'ils seroient privez par ce moyen des choses necessaires à la vie, & qu'estant lassez des longs travaux du chemin, ils en deviendroient plus foibles dans le combat.

Il usa de cet artifice envers le bien-heureux Ignace, qu'il fit mener de nostre Ville jusques à Rome par divers détours, & par la voye la plus longue, afin que la longueur du temps & du voyage affoiblist la constance de ce Saint. Mais il ne sçavoit

pas que JESVS-CHRIST l'accompagnoit dans toute l'étenduë de ce chemin ;
que ce Martyr en devenoit plus fort & plus
courageux ; qu'il témoignoit mieux son
eminente vertu , & qu'il confirmoit davantage toutes les Eglises par son invincible
fermeté.

Car les fideles des Villes par lesquelles il
passoit , accouroient de toutes parts au
devant de ce genereux Athlete, ils le recevoient avec amour , ils le conduisoient
tous en troupe avec beaucoup de respect,
& ils l'assistoient tant par leurs prieres fer-
ventes , que par les saintes ambassades
qu'ils luy envoyoient. Ils ne remportoient
pas aussi peu de consolation , voyans que
ce Martyr couroit à la mort avec une joye
digne de celuy qui en courant à la mort,
couroit à la possession du Royaume qui est
dans le Ciel. Ils reconnoissoient par cette
sainte allegresse, que ce n'estoit pas pro-
prement à la mort qu'on le conduisoit,
mais plutost qu'il entreprenoit quelque
voyage, & qu'il passoit seulement d'un
lieu à un autre en montant de la terre dans
le Ciel.

Il ne parto⸲ d'aucune Ville qu'il n'y
donnât cette instruction salutaire, par ses

actions & par ſes paroles. Et comme les
Iuifs ayans pris ſaint Paul priſonnier, pen-
ſoient en l'envoyant à Rome y envoyer vn
criminel au ſupplice qu'il meritoit de ſouffrir, & que neantmoins ils y envoyoient un
Docteur au peuple qu'il devoit inſtruire,
& à leurs freres qui y demeuroient ; le
meſme auſſi eſt arrivé à ſaint Ignace, qui
ne ſervit pas aux ſeuls habitans de Rome,
mais encore à ceux de toutes les Villes par
où il paſſa dans tout le cours de ſon voyage. Car cét admirable Maiſtre leur enſei-
gnoit à mépriſer la vie preſente, à n'aimer que les biens de la vie future ; à lever
les yeux vers le Ciel, & à ne craindre jamais rien de tout ce qui leur pouvoit arriver en ce monde, de plus fâcheux & de
plus funeſte.

Ce Saint continuant ſon chemin confirmoit ces veritez en tous lieux par ſon
exemple, eſtant comme un autre Soleil qui
ſort d'Orient, & qui court en Occident;
ou plutoſt il eſtoit plus brillant que le Soleil meſme. Car le Soleil du haut du Ciel
éclairoit les hommes par une clarté ſenſible, & ſaint Ignace reluiſoit icy bas ſur la
terre, & répandoit dans les ames la lumiere intelligible de la doctrine. Au lieu que

cet Astre en descendant vers le couchant
cache ses rayons, laisse tout l'Univers couvert des tenebres de la nuit; le Saint au
contraire, à mesure qu'il approchoit des
Provinces de l'Occident, il reluisoit avec
plus d'éclat.

Il donna des instructions salutaires à
toutes les Villes par où il passa, & estant arrivé à Rome, il y enseigna la veritable
sagesse, Dieu ayant permis pour cette raison qu'il finist sa vie dans cette superbe
Ville, afin que sa mort servist comme de
maistresse aux Romains, pour leur apprendre la solide pieté.

Car par la grace de Dieu, mes freres,
vous n'avez pas besoin d'une nouvelle instruction, estans déja fondez & enracinez
dans la Foy. Mais parceque l'impieté estoit
plus grande à Rome que par tout ailleurs,
les fideles qui y estoient avoient aussi besoin d'un plus grand secours. Ce fut pourquoy saint Pierre & saint Paul, & aprés
eux saint Ignace, y furent tous trois im-
molez; afin que ces victimes innocentes la
purifiassent par leur propre sang, des souïl-
lures & des taches qu'elle contractoit par
les sanglans sacrifices que l'on offroit aux
Idoles; & que ces Saints rendissent un il-

luſtre témoignage de la Reſurrection de
Iesvs-Christ par une mort ſi genereuſe; pour montrer au peuple Romain,
qu'ils ne mépriſeroient pas la vie preſente avec tant de joye, s'ils n'eſtoient pleine-
ment perſuadez, qu'ils ne ſortoient de ce
monde que pour monter à Jésvs crucifié.

Car c'eſt une tres-grande preuve de la
Reſurrection, que Noſtre Seigneur ait une
telle puiſsance, aprés avoir conſommé ſon
holocauſte ſur la Croix, que de pouvoir
perſuader à des hommes qui vivent ſur la
terre, d'abandonner, non ſeulement leur
patrie, leur maiſon, leurs amis, leurs proches, & de mépriſer la vie meſme pour la
confeſſion de ſon nom, mais auſſi de choi-
ſir les foüets, les perils & le martyre, au
lieu des contentemens, des plaiſirs, & des
voluptez de ce ſiecle,

Ces merveilles ne ſont pas certes des
marques d'un homme mort & enſevely
dans le tombeau, elles ſont plutoſt les
luſtres & les glorieux ouvrages d'un Dieu
qui eſt reſſuſcité, & qui eſt vivant dans le
Ciel. Car quelle apparence y auroit-il, que
lors qu'il vivoit encore, tous les Apoſtres
qui avoient converſé avec luy, ayans eſté
frappez

frappez de crainte, fussent devenus si lâches & si foibles , que d'abandonner leur
maistre & s'enfuïr ; & qu'aprés qu'il seroit
mort, non seulement Pierre & Paul, mais
aussi Ignace qui ne l'avoit jamais veu, &
qui n'avoit esté uny avec luy par aucune
societé ou familiarité, témoignast estre si
passionné & courageux pour son amour ,
que de luy consacrer sa vie, & de la perdre
pour son service.

Dieu permit donc que ce Saint mourust
à Rome, afin que ceux qui estoient presens vissent par un effet si sensible, que ces
choses sont veritables. Et pour montrer
que cette raison en fut la principale cause,
il ne faut que considerer quel fut le genre
de sa mort. Car on ne le condamna pas à
estre tué hors des murailles de la Ville dans
quelque profond abysme, ou dans une prison obscure, ou dans un lieu écarté, mais à
estre exposé aux bestes qu'on lascha, &
que l'on excita contre luy, au milieu de
l'amphitheatre où tout le peuple estoit assis sur l'endroit le plus eminent , & d'où
il considera ce qui se passoit dans ce glorieux combat.

Et aussi ce genereux & invincible Martyr éleva un tres-illustre trophée contre

le Diable en prefence de tout le monde, pour rendre ceux qui furent témoins de ce fpectacle imitateurs de fa generofité: parce qu'il ne fouffroit pas feulement la mort avec un tres-grand courage, mais auffi avec une extréme joye, & qu'il regardoit venir les beftes avec plaifir; non pas tant comme une perfonne qui devoit bien-toft eftre privée de la vie, mais qui devoit au contraire joüir bien-toft d'une vie plus heureufe & plus excellente.

Ce qui parut encore bien clairement par les paroles qu'il dit eftant affuré de mourir. Car lors qu'il fe vid condamné à cette forte de fupplice, il declara qu'il irriteroit, & qu'il animeroit les Lions, pour fe faire devorer.

Certes, c'eft en cette maniere qu'agiffent tous ceux qui aiment, quand ils fouffrent quelque chofe pour l'objet qu'ils aiment, parceque ces fouffrances leur font douces & agreables: & ils eftiment que leurs defirs font accomplis plus les peines qu'ils endurent font difficiles à fupporter.

C'eft ce que faint Ignace fit paroiftre, ne s'eftant pas eftudié feulement à imiter la conftance que les Apoftres témoignerent en leur mort, mais aussi la joye qu'ils ressentirent dans les persecutions : & sçachant qu'ils se réjoüissoient en s'en retournant de l'assemblée des Juifs, aprés avoir esté battus de verges, il voulut estre semblable à de si excellens Maistres, tant par sa mort que par la joye qu'il en eut ; & ce fut pourquoy il dit, qu'il exciteroit les bestes à le devorer.

Il croyoit que les dents de ces animaux furieux luy seroient plus douces que la langue du Tyran ; & ce n'estoit pas sans raison, puisque l'un l'appelloit au feu de l'Enfer par ses menaces, & que les autres l'envoyoient au Royaume des Cieux par leurs morsures.

Quand ce grand homme eut ainsi finy sa vie dans la Ville de Rome, ou plutost que de Rome il fut passé dans le Ciel, il revint dans cette Ville couvert de palmes. Car ç'a esté un effet de la bonté infinie & de la divine providence, de ce qu'il est retourné à Antioche, en repassant dans les Villes par lesquelles il a plû à Dieu de le renvoyer.

Rome a esté arrousée du sang qu'il a répandu, & vous avez esté enrichis des Reliques qu'il a laissées. Son Episcopat a esté le sujet de vos delices & de voftre joye, & son Martyre a esté celuy des delices & de la joye des Romains ; ils l'ont veu combattre, vaincre & remporter la couronne, & vous le poffedez pour toûjours. Dieu vous l'a osté pour un peu de temps, mais il vous l'a rendu encore plus glorieux qu'il n'eftoit. Et comme ceux qui empruntent de l'argent rendent la somme principale qu'on leur a donnée, & y adjoûtent encore l'intereft ; de mefme auffi Dieu ayant pris de vous ce trefor fi precieux afin de le montrer à Rome, il vous l'a fait rapporter avec plus de pompe & plus de magnificence. Car vous ne luy aviez envoyé qu'un Evefque, & vous recevez un Martyr ; vous l'avez envoyé avec des prieres, & vous le recevez avec des couronnes.

Et vous n'avez pas joüy feuls de ce bienheureux retour, les fideles de toutes les Villes qui fe rencontrerent fur le chemin, y ont auffi participé avec vous. Combien penfez-vous qu'ils ayent receu de contentemens, quand ils ont veu paffer ces facrées Reliques ? Combien en ont-ils témoigné de fatisfaction ? Combien ont-ils ait paroiftre de tranfports de joye, & avec

combien d'acclamations font-ils accourus
de tous coftez pour embraffer cét Athlete
triomphant ?

Comme ceux qui font dans l'amphitheatre, & qui ont veu un genereux com-
battant furmonter tous fes Adverfaires
dans un fpectacle public, fortans foudain
de leur place avec de grands applaudiffe-
mens, élevent le vainqueur entre leurs
bras, ne fouffrent pas mefme qu'il touche
à terre, le prennent fur leurs épaules, &
le portent en fa maifon, en luy donnant
des loüanges infinies; de mefme auffi toutes les Villes ayans receu les unes aprés
les autres ce Martyr fi glorieux, & le por-
tans fur leurs épaules, elles l'ont accompagné depuis Rome iufques à Antioche,
en loüant la gloire de fa victoire, & en fe
mocquant de la folie du monde qui fut
trompé par fa propre tromperie, & qui fut
pris luy-mefme dans les pieges qu'il avoit
tendus à ce bien-heureux Martyr.

Saint Ignace fervit alors beaucoup à toutes ces Villes, il leur donna une excellente inftruction par fon exemple; il a enri-
chy noftre patrie depuis fa mort iufques
à prefent, & il a efté comme un trefor iné-
puifable, d'où l'on tire fans ceffe, & qui ne

finit jamais. Il comble tous ceux qui viennent vers luy de ses benedictions, & il
les renvoye chez eux aprés les avoir remplis d'une joye celeste, d'une confiance
genereuse, & d'une force admirable. Et
ainsi nous n'avons pas seulement recours
aujourd'huy à son assistance, mais nous en
rapportons tous les jours des biens & des
fruits spirituels : & quiconque s'approche
de luy avec foy, en reçoit de grandes faveurs.

Car il y a une onction & une vertu divine qui accompagne les sacrées Reliques
des Saints, & qui se communique aux cer-
cueils, & aux tombeaux où ils reposent. Et
si un corps ayant touché le tombeau d'E-
lisée, fut delivré des tristes liens de la mort,
& rétably dans une entiere joüissance de la
vie par les merites de ce Prophete ; ce miracle doit beaucoup plutost arriver en ce
temps, où l'on reçoit la grace du Ciel, avec
une plus riche effusion, & les dons de l'Esprit saint avec une plenitude plus abondante.

Et partant, si quelqu'un touche avec foy
à cette chasse precieuse, il en tirera un
avantage merveilleux, en ressentant le
pouvoir de cét illustre Martyr. Aussi est-ce

pour cette raison que Dieu nous a accordé
les Reliques de ses Saints, tant pour nous
conduire à luy par leur imitation, qu'afin
qu'ils nous soient comme un port & une
consolation solide dans les maux qui nous
affligent sans cesse.

C'est pourquoy si vous me croyez, mes
freres, lors que quelqu'un d'entre vous
sera pressé de quelque passion de l'ame ou
de quelque maladie du corps, ou de quelque persecution du siecle que ce puisse
estre, qu'il approche de ce lieu avec une
foy sincere, & il s'en retournera avec une
extréme joye, estant delivré de ses peines,
& faisant connoistre par son seul regard
& par son visage, que son esprit est soulagé
& plus tranquille qu'auparavant.

Il n'est pas seulement avantageux à ceux
qui endurent les déplaisirs, & les miseres
de cette vie, d'avoir recours à ce Saint; mais
aussi à ceux qui joüissent de la paix & du
repos de l'esprit, qui sont celebres en pieté, & qui sont puissans en merite, & qui
ont une pleine confiance en Dieu.

Car ils rendront par ce moyen la possession de ces biens plus ferme & plus permanente, ils deviendront plus moderez par
le souvenir des eminentes vertus & des

glorieuses actions de ce Martyr, & ils ne souffriront pas que leurs cœurs s'enflent & s'élevent de leurs bonnes œuvres. Et ce n'est pas une chose de peu d'importance à ceux ausquels tout succede heureusement, de porter leur bonne fortune avec moderation, & de ne s'abandonner pas à l'élevement & à l'enflure de l'orgueil.

Ce tresor est donc utile à tout le monde, & un refuge salutaire, tant pour ceux qui combattent contre les pechez, & en des rencontres dures & fâcheuses, afin de s'en delivrer bien-tost ; que pour ceux qui se trouvent dans le calme, & dans un estat heureux, afin qu'ils s'y conservent long-temps : tant pour ceux qui souffrent des maladies importunes, afin qu'ils recouvrent la santé ; que pour ceux qui joüissent de la santé, afin qu'ils ne tombent point dans la maladie. Et ainsi aprés avoir consideré toutes ces choses, visitons souvent ce lieu sacré, avec une joye & une allegresse sainte, pour pouvoir estre un jour participans du banquet celeste, & de l'eternelle felicité des bien-heureux, par le merite de leurs prieres, & par la grace & la bonté de Nostre Seigneur

JESVS-CHRIST.

Mais afin qu'on n'attribuë pas à la chaleur de saint Chrysostome ce qu'il dit icy
sur la veneration de ces Reliques, voyons
un mot de ce que le grand & le sage saint
Augustin, qui a honoré la science & la
sainteté de cét illustre Pere de l'Eglise
Grecque, a écrit luy-mesme dans l'espece
d'un Martyre pareil à celuy de saint
Ignace.

Les Martyrs, dit-il, ne sont-ils pas ay-
mez passionnément des Chrétiens ? & ne
sommes-nous pas enflammez d'amour lors
que nous celebrons leur memoire ? Cependant qu'aymons nous en eux, mes freres ? Des membres qui ont esté déchirez
par des bestes. Y a-t-il rien de plus diffor-
me, si vous consultez les yeux de la chair ?
Y a-t-il rien de plus beau, si vous consultez les yeux du cœur ?

CHAPITRE VI.

TEMOIGNAGE DES
Anciens touchant les Reliques de saint Ignace.

Nouvelle Eglise consacrée à son honneur par l'Empereur Theodose le jeune.

SAINT Hierôme rapporte dans son Livre des Escrivains Ecclesiastiques, que les Reliques de saint Ignace avoient esté mises dans le Cimetiere d'Antioche hors de la porte de Daphné qui estoit un Fauxbourg de cette Ville ; & nous apprenons de l'Histoire Ecclesiastique d'Evagre, que ce fut l'Empereur Theodose le jeune, qui les fit transferer de ce Cimetiere, & que voulant rendre la memoire de ce Saint plus illustre dans tout l'Orient , il luy dédia une nouvelle Eglise, & l'appella de son nom.

Il se lit, dit-il, dans les Escritures de Jean le Rethoricien, & d'autres Autheurs, qu'aprés que le corps du saint Martyr Ignace,

eut eu pour sepulchre dans l'amphitheatre, les ventres des bestes, selon qu'il avoit
desiré, les os les plus durs de cet homme
divin furent emportez à Antioche (c'e-
stoit la translation dont la feste fut celebrée tous les ans dans cette Eglise) & fut remis dans le lieu appellé le Cimetiere, qui
estoit proche de cette Ville.

Mais long-temps depuis cette translation de ces Reliques, il plût à Dieu de mettre au cœur de l'Empereur Theodose, de
rendre de plus grands honneurs à ce bien-
heureux Theophore, & de consacrer à cét
Athlete victorieux, & à cét heroïque
Martyr, un Temple qui avoit esté consacré aux Demons, appellé le Temple de la
Fortune. Et ainsi ce Palais prophane de
cette fausse & ridicule Deesse, devint un
lieu sacré, & un Sanctuaire auguste dedié
à la veneration de la memoire d'Ignace.

Les saintes Reliques de ce Martyr, furent apportées dans un chariot magnifique, & avec une pompe solemnelle dans
la Ville d'Antioche, & posées dans cette
Eglise, où l'on a celebré jusques à nostre
temps une feste publique, avec une réjoüissance generale au jour de cette seconde
translation, principalement depuis le Pa-

triarchat de Gregoire, qui l'a renduë encore plus celebre qu'elle n'estoit avant luy.

On voit dans le Martyrologe Romain, qu'il s'est fait une troisiéme translation de ces Reliques, à Rome, d'Antioche. Aprés que ces Reliques, dit ce Martyrologe, eurent esté portées de Rome à Antioche, où l'on en celebroit la feste du temps de saint Chrysostome, qui prononça en ce jour une celebre Homelie, elles furent rapportées d'Antioche à Rome, & furent mises avec le corps de saint Clement, dans l'Eglise dédiée à ce tres-heureux Pape & Martyr, où elles ont esté honorées d'une souveraine reverence.

Mais le Cardinal Baronius avouë luy-mesme, qu'il n'a pû rien trouver dans les Chroniques, ny dans les Histoires, du temps de cette translation, laquelle par consequent n'est appuyée que sur une tradition commune & vulgaire.

Il dit seulement qu'il croit que ces Reliques furent enlevées d'Antioche du tẽps de l'Empereur Iustinien, lors qu'Antioche fut prise & mise à feu & à sang, par Cosroës Roy des Perses, vers l'année cinq cens quarante.

Quoy qu'il en foit, il paroift que les
Romains par un zele loüable, ont foûte-
nu avoir les Reliques de faint Ignace : & fi
cela eft, il y a fujet de croire, que le Pape Innocent I I. en donna quelque partie
à faint Bernard, lors que ce grand Saint
alla à Rome pour l'établir dans la Chaire de faint Pierre, d'où l'Antipape Ana-
clet l'avoit chaffé. Car il dit que fa pau-
vreté a efté enrichie des precieufes Reliques du grand Ignace Martyr, Auditeur
du celebre Difciple que JESVS aymoit,
qui eft l'Apoftre faint Jean.

Au refte, faint Ignace a gouverné l'E-
glife d'Antioche durant quarante ans, felon le compte d'Eufebe. Mais s'il a efté
confacré Evefque par faint Pierre, comme on le juftifie par les anciens Autheurs
Ecclefiaftiques, il faut qu'il ait efté Evefque quelques années avant l'année 67.
qui eft celle du martyre de faint Pierre ;
& par confequent qu'il ait efté Evefque
durant quarante-deux ou quarante-trois
ans.

Le mefme Eufebe dans fa Chronique,
& en fon Hiftoire, dit que Heron, qui
depuis fouffrit le Martyre, fut fon fucceffeur à l'Evefché d'Antioche.

HISTOIRE
DES PREMIERS
MARTYRS
DE LYON ET DE
VIENNE.

Tirée de l'Histoire Ecclesiastique d'Eusebe.

AVANT-PROPOS,

OV L'ON RAPPORTE quelques témoignages de l'Antiquité Ecclesiastique, touchant cette persecution.

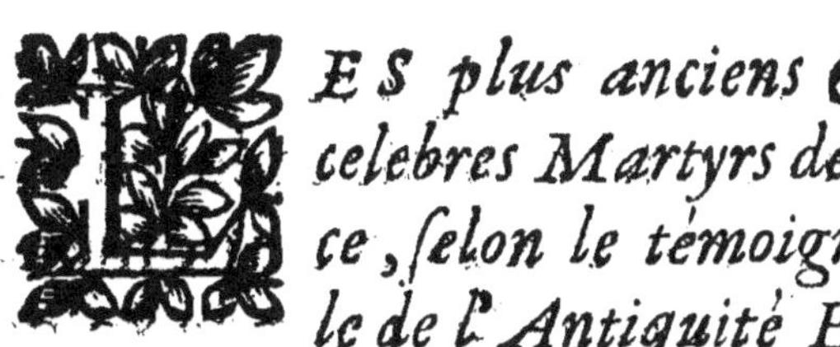

ES plus anciens & les plus celebres Martyrs de la France, selon le témoignage fidele de l'Antiquité Ecclesiastique, ont esté ceux de Lyon & de Vienne. Eusebe le plus ancien Historien de l'Eglise, parle d'eux en ces termes, aprés avoir parlé des Martyrs de l'Asie. Plusieurs (*dit-il*) souffrirent dans la Gaule une glorieuse mort pour le nom de JESVS CHRIST. Leurs combats ont esté décrits alors, & se lisent encore aujourd'huy.

S. Sulpice Severe les a marquez aussi dans son Histoire. La cinquiéme persecution (*dit-il*) s'émeut sous l'Emperenr Aurele, fils d'Antonin le Pieux ; & ce fut alors que l'on vid les premiers Martyrs dans les Gaules, la Religion de Dieu ayant esté receuë plus tard au deça des Alpes.

Et enfin S. Gregoire Archevesque de Tours l'exprime en ces termes au premier Livre de son Histoire : La persecution estant commencée en Asie, le tres-heureux Polycarpe mourut en la persecution l'année 80. de sa vie. Il fut consacré au Seigneur comme une holocauste „en passant par le feu qui le consuma.

Il y eut aussi dans la France plusieurs Martyrs, qui souffrant pour le nom de JESVS-CHRIST, furent couronnez de perles & de diamans

Celestes. L'Histoire de leurs souffrances tres-fidelement écrite s'est
conservée dans toute l'Eglise.

C'a esté par le moyen de l'Hi-
stoire d'Eusebe, qui rapporte la
Lettre originale que les Eglises de
Lion & de Vienne en écrivirent
deslors aux Eglises d'Asie & de
Phrygie, avec lesquelles l'Esprit de
Dieu les avoit unis tres-estroite-
ment, parceque le grand S. Poly-
carpe Disciple de S. Iean l'Evan-
geliste, & Evesque de Smyrne en
Asie, leur avoit envoyé quelques
Saints ses Disciples, qui presche-
rent la Religion Chrétienne en
France. S. Irenée qui estoit alors
Prestre de Lion, & qui succeda peu
aprés à S. Photin Martyr, premier
Archevesque de cette Eglise.

Ce fut par le mesme S. Irenée,
que les Confesseurs du nom & de
la Divinité de IESVS-CHRIST, envoyerent en Asie & à Rome la Re-

lation tres-fidele des combats de
ces Martyrs, dont le ſtyle eſt ſi
grave, ſi edifiant & ſi ſaint, que
toutes leurs paroles & leurs penſées
ne reſpirent que cette vigueur premiere, & cette vertu maſle & heroïque de toute l'Egliſe primitive.

*M. du Boſquet Eveſque de Lode-
ve, dans ſon premier Livre de l'Hiſtoire Eccleſiaſtique de France, a témoigné ſon eſtime extraordinaire de
cette Lettre toute Apoſtolique en s'é-
criant comme par un tranſport d'admiration :* Qui eſt celuy qui oſeroit
entreprendre d'imiter l'Eloquence
de ces Peres? Le bien-heureux eſprit de ces Martyrs eſt encore
vivant dans ces lignes mortes :
Le ſang répandu pour IESVS-
CHRIST y paroiſt encore tout
chaud. Ils ne parlent que des choſes qu'ils ont veuës, qu'ils ont tou-
chées, qu'ils ont endurées. Ils ne
rapportent que les paroles qu'ils

ont recueillies de la bouche de ces Saints, ou celles dont ils les ont ex-hortez à remporter la victoire sur l'Idolatrie.

Mais quelle émotion en doivent ref-sentir les enfans de Dieu & de son Eglise ; puis que l'un des plus sçavans hommes du dernier siecle Ioseph de Lescalle, dont feu Mr le Cardinal du Perron a rapporté un Iugement consi-derable touchant l'un des Peres de l'Eglise, quoiqu'il fust separé du sein de cette divine Mere, & qu'ainsi il ne pust avoir au plus qu'une pieté hu-maine & morale, n'a pas laissé d'é-crire ces memorables paroles des actes du Martyre de S. Polycarpe, & ceux de ces Saints de France : La lecture de ces Martyres (*dit-il*) qui font les plus anciens de l'Eglise, edifie & touche tellement l'esprit des Le-cteurs devots & Religieux, qu'on ne s'ennuye jamais de les lire, & il n'y a personne qui selon les mou-

vemens de sa conscience, ne puisse
reconnoistre cette verité. Pour
moy je puis dire devant Dieu, que
je n'ay jamais rien leu dans l'Histoire Ecclesiastique qui m'aye laissé si transporté de chaleur & de
zele pour la Foy, qui m'emporte si
fort hors de moy-mesme, & me
change en une autre personne que
je ne suis.

HISTOIRE

DES

MARTYRS

DE LYON ET DE

VIENNE.

Ovs le Pontificat d'Eleuthere douziéme Evefque de Rome, depuis les Apoftres , fucceffeur de Sother, qui avoit tenu le Siege Apoftolique durant huit ans , & en la 17. année de l'Empire de Marc-Aurele, fils d'Antonin, furnommé le Philofophe , une grande & cruelle perfecution s'éleva contre les Chrétiens en diverfes parties de la terre , & elle

prit son origine des émotions que le peuple excitoit dans les Villes par une fureur
brutale contre les adorateurs du vray Dieu.

L'Histoire de quelques-vns de ces genereux Martyrs qui ont souffert en un mesme endroit, s'estant conservée dans une
excellente Lettre qui contient la Relation
de leurs combats, nous fera juger du grand
nombre de ceux qui ont esté persecutez
pour la Foy dans les autres parties du monde. On les a jugez si dignes d'une eternelle memoire, qu'on les a gravez dans
des écrits publics, pour les exposer aux
yeux de toute la posterité : & quoy que
cette lecture, (où leur Martyre est décrit
tres-exactement,) ait esté mise toute entiere dans le Livre que j'ay composé des
Martyrs, qui ne contient pas seulement un
veritable narré des choses, mais aussi des
exemples illustres de vertu, qui peuvent
échauffer les cœurs, & les animer à la pieté ; toutefois j'ay crû en devoir rapporter
icy la principale partie. Car comme ceux
qui veulent entreprendre une Histoire, re-
presentent en mesme temps les Victoires
que l'on a remportées dans la guerre, &
les trophées que l'on a élevés sur les Ennemis ; Les exploits memorables des Capitaines,

pitaines , & les actions courageuses des
Soldats, dont les mains ont esté toutes tein-
tes du sang qu'elles ont répandu pour la
defense de leurs enfans, de leurs biens, &
de leur patrie. Ainsi ce Livre que nous tâ-
chons de rendre utile pour fortifier les
Chrétiens dans une vie toute spirituelle &
toute Divine, ne conservera pas seulement
comme dans des tables & des archives
immortelles la description des guerres douces & tranquilles qui ont esté soûtenuës
pour la paix des ames & des consciences; &
les Eloges de ceux qui ont combattu genereusement dans ces guerres, plutost pour
la verité, que pour leur patrie, & pour la
pieté que pour leurs amis : mais aussi les
loüanges de la vertu heroïque de ces Martyrs qui ont signalé leur constance dans
les combats soûtenus pour les mysteres
sacrez, qui ont fait admirer à leurs Adversaires la force invincible de leurs cœurs,
qui ont elevé des trophées magnifique sur
les demons, qui ont triomphé des ennemis
invisibles, & qui se sont acquis des couronnes dans le Ciel , que cette Histoire
rendra toûjours éclatantes dans la glorieuses & toûjours terre.

La carriere où ces Saints ont combattu

a esté la Gaule, dont les deux premieres
& les plus celebres Villes, au jugement de
tout le monde, sont Lyon & Vienne, si-
tuées toutes deux sur le bord de la Riviere
du Rhône qui traverse cette Province.

Ces deux Eglises tres-illustres envoyerent cette Lettre touchant ces Martyrs,
aux Eglises d'Asie & de Phrygie, & leur
firent sçavoir en ces mots (car je rapporteray leurs propres paroles) tout ce qui
s'estoit passé chez elles.

LETTRE DES EGLISES de Lyon & de Vienne,

AVX EGLISES D'ASIE.

CHAPITRE I.

LES serviteurs de IESVS-CHRIST
qui demeurent dans les Villes de Vienne & de Lyon, saluënt leurs freres qui sont
en Asie & Phrygie.

Nous ne sçaurions exprimer par nos paroles la violence de la persecution que les
Payens ont excitée depuis peu contre
nous en cette Province ; & la force du

difcours eft trop foible pour pouvoir reprefenter affez dignement les mouvemens
extraordinaires de haine & d'averfion dont
ils ont efté animez en cette rencontre, &
la grandeur des fupplices que les faints
Martyrs ont fouffert avec une conftance
invincible. Car noftre ennemy mortel
ayant voulu donner des marques vifibles
de fon advenement prochain, & faire paroiftre dés à prefent contre un petit nombre de fideles l'excez de la rage qu'il doit
exercer un jour avec une audace & une liberté encore plus grande contre toute l'E-
glife de Dieu, il nous a attaqué, pour le dire ainfi, avec toutes fes forces. Il a accouftumé les fiens à fuivre les mouvemens de
fa fureur, & il leur a appris par un long
ufage à faire la guerre avec addreffe aux
ferviteurs de JESVS-CHRIST. Cette
cruelle tyrannie s'eft élevée jufques à tel
point, que l'on nous a defendu de nous
trouver dans les places de la Ville, dans les
bains, dans les marchez, & enfin en quelque lieu que ce foit.

Mais Dieu, dont la bonté eft inconcevable, ne nous a pas abandonnez dans une
neceffité fi preffante, il a combattu pour
nous contre le demon: & aprés avoir tiré du

peril ceux dont la Foy estoit foible &
moins courageuse, il ne luy a opposé que de
genereux soldats armez d'une patience
toute heroïque, qui paroissoient entre les
autres comme de fermes colomnes de la
Foy, & qui n'estoient pas seulement preparez à s'opposer avec fermeté à tous les
efforts de leurs Adversaires, mais mesme
à l'attaquer avec hardiesse & aux dépens
de leur sang & de leur vie.

Ainsi ces Martyrs illustres ont terrassé
un si redoutable ennemy, en souffrant avec
joye les opprobres & les supplices : Ils ont
couru volontairement à la mort pour aller
à Jesvs-Christ, en méprisant pour
sa gloire le plus grand de tous les maux. Et
ils ont fait voir à tout le monde, & par
leurs souffrances, & par leur mort, la verité de cette parole de l'Apostre, Que les
afflictions & les peines que nous pouvons
endurer en cette vie, n'ont aucune propor-
tion avec la gloire dont nous jouyrons en
l'autre.

Ces grands serviteurs de Dieu ayant esté
produits en public, souffrirent d'abord
avec une patience toute entiere, les cla-
meurs, les injures, les coups, les tiraille-
mens, les playes, les pierres, les prisons, &

toutes les violences qu'une populace brutale & furieuſe a accouſtumé d'exercer
contre les Chrétiens, qu'ils regardent
comme leurs Ennemis declarez. Le Tribun
du peuple, & les Magiſtrats de la Ville qui
les avoient fait venir au Palais, les ayant
interrogez touchant leur Religion, ils leur
répondent, & confeſſent hardiment qu'ils
eſtoient Chrétiens. Surquoy on les met
en priſon, en attendant la venuë du Gouverneur qui pour lors eſtoit abſent, mais
eſtant arrivé depuis, & les ayant fait amener en ſa preſence pour les juger, il uſa
envers eux & envers tous les autres Chrétiens de toute ſorte de cruauté.

Epagathe l'un de nos freres ne put ſouffrir un procedé ſi étrange, & que l'on nous
euſt condamné ſi injuſtement, & ſans nous
oüir. Mais comme il eſtoit tout remply
d'amour pour Dieu, & de charité pour le
prochain, & que la vie ſi pure & ſi ſainte
qu'il avoit menée juſques alors, luy pouvoit faire rendre, quoiqu'il fuſt fort jeune,
ce témoignage ſi glorieux que la parole
divine rend au Pontife Zacharie qui eſtoit
fort vieil, d'avoir toûjours marché ſans
reproche dans la voye de la juſtice, & d'a-
voir toûjours obey à tous les Commande-

mens du Seigneur. Comme il eſtoit, dis-je, animé du zele de l'Eſprit Saint, il commença hautement à reprendre l'injuſtice & la paſſion du Gouverneur, & demanda qu'on luy permiſt de parler pour la defenſe des Chrétiens, & qu'il prouveroit clairemẽt qu'ils n'eſtoient coupables ny de crime, ny d'impieté.

Ce genereux Confeſſeur eſtant un des hommes de la Ville des plus eſtimez & des plus illuſtres, toute la multitude du peuple qui environnoit le tribunal ſe mit à crier contre luy. Et d'autre part le Gouverneur offenſé de ſes reproches & de la demande ſi juſte qu'il avoit faite publiquement, luy demanda pour toute réponſe, s'il n'eſtoit pas Chreſtien. Ce que le Saint ayant confeſſé à haute voix, on le mit à l'heure meſme avec nos autres freres, que l'on avoit condamnez au ſupplice; & on l'appella depuis l'Advocat des Chrétiens. Et certes avec grande raiſon, puiſque JESVS-CHRIST qui eſtoit ſon Advocat & ſon protecteur invincible, faiſant ſa demeure en ſon ame, & le ſaint Eſprit le rempliſſant d'une ferveur de charité plus grande que celle du Prophete Zacharie, il ſe porta juſques à répandre ſon ſang, & à

donner ſa vie pour la defenſe de ſes freres,
imitant ainſi l'exemple de Noſtre Sauveur,
& ſuivant en toutes choſes les traces de ce
Divin & de cét adorable Agneau.

Ce Saint ſe rendit donc remarquable
entre tous les autres , & les Confeſſeurs
qui ſurpaſſoient en vertu le commun des
freres, ſe produiſoient en public d'eux-meſmes. Ils témoignoient par leur reſolution
eſtre preparez à toutes ſortes de ſupplices.
Et enfin ils perſiſtoient avec joye & avec
une ſatisfaction d'eſprit toute entiere dans
cette confeſſion ſainte , qui fait acquerir
aux Chrétiens le titre glorieux de Martyrs.

CHAPITRE II.

Làcheté de dix Chreſtiens.

Faux témoignage de quelques Idolàtres v
Eſclaves des Chrétiens, contre la pu-
reté du Chriſtianiſme.

Conſtance admirable de ſainte Blandine
ſervante : Et de ſaint Sanſte Diacre,
dans les premiers tourmens qu'on leur
fit ſouffrir.

MAis il y en eut dix qui n'eſtant ny
preparez ny exercez à cette guerre
ſpirituelle, ſe laiſſerent abbattre par une
làcheté de cœur plus digne de femmes que
d'hommes, & encore d'hommes Chrétiens.
Cét accident ſi funeſte ne nous cauſa pas
ſeulement une douleur & une affliction
ſenſible; mais il refroidit tout à fait le zele
des freres qui avoient juſques alors ſecou-
ru avec une charité merveilleuſe les ſaints
Martyrs dans les divers ſupplices qu'on
leur fit endurer.

Nous fûmes tout à fait ſaiſis de crainte
pour ces illuſtres combattans, non que les

tourmens qu'ils devoient souffrir fussent
le sujet de nostre apprehension. Mais parceque les voyant engagez dans un combat dont l'évenement nous paroissoit encore si douteux & si incertain, nous avions
peur que quelqu'un d'entr'eux ne succom-
bast par foiblesse & par lâcheté.

On prenoit cependant tous les jours
plusieurs Chrétiens qui estoient tres-dignes
de la couronne du Martyre, comme pour
remplir le nombre de ceux qui estoient
tombez, en sorte que tous les hommes
eminens en doctrine & en pieté qui gouvernoient ces deux Eglises, tomberent entre les mains des persecuteurs. Mais comme le Gouverneur avoit commandé qu'on
fist une recherche exacte de tous les Chré-
riens ; on prenoit avec eux quelques-uns
de leurs Esclaves qui estoient Idolâtres, lesquels craignans de souffrir les mesmes peines dont ils voyoient tourmenter les maistres, & estans poussez par les soldats du
Gouverneur, dont le diable se servoit
comme d'instrument & d'organe en cette
rencontre; Ils nous accuserent de manger
des enfans, & de commettre des incestes,
ainsi que les Oedipes & les Thiestes de
leurs fables, & nous imputerent mille au-

tres crimes abominables, qu'il ne nous est
pas seulement permis de nommer dans la
Religion Chrétienne , & que l'on peut
croire mesme avec raison n'avoir jamais
esté commis par aucun homme, tant leur
enormité est grande, & leurs excés inoüis.

Ces calomnies s'estant aussi-tost répanduës de toutes parts , le peuple devenant
tout d'un coup plus semblable à des bestes
farouches qu'à des hommes raisonnables,
s'éleva contre nous , avec une fureur si
étrange , que peu s'en fallut que ceux qui
jusques alors nous avoient témoigné beaucoup de douceur & d'affection acause des
alliances que nous ayions avec eux , ne
nous déchirassent avec les dents , & n'e-
xerçassent contre nous les dernieres violences de la brutalité & de la manie. Nous
vismes par cét exemple la verité de cette
parole du Sauveur , qu'il viendroit un
temps , où ceux qui tuëroient ses Disciples , croiroient rendre un service agreable à Dieu. Et certes le Demon qui em-
ployoit tous ses artifices pour tirer de la
bouche de ces saints Martyrs quelque parole de blaspheme contre Jesvs Christ,
excitoit ce peuple idolâtre à leur faire souffrir des tourmens si horribles & si extraor-

dinaires, qu'il eſt impoſſible d'en repre-
ſenter l'excez.

Mais la haine mortelle du peuple, du Gouverneur, & de ſes bourreaux éclata particulierement contre un Diacre nommé Sancte, qui eſtoit de la Ville de Vienne; Contre Mature, qui bien qu'il n'euſt eſté baptiſé que depuis peu, eſtoit neanmoins un genereux Athlete de JESVS-CHRIST. Contre Attale étranger de la Ville de Pergame, que l'on peut dire avoir eſté la ferme colomne & l'appuy inébranlable de nos Egliſes. Et enfin contre vne fille nommée Blandine, dont l'illuſtre exemple nous a fait voir clairement que les perſonnes qui paroiſſent quelquefois les plus viles & les plus mépriſables devant les hommes par la baſſeſſe de leur condition, ſont ſouvēt tres-dignes d'eſtime devant Dieu, par la grādeur du veritable amour qu'elles luy portent. Car comme non ſeulement nous autres Chrétiens avions une extréme peur que cette fille qui avoit le corps tres-foible, ne perſeveraſt pas juſques à la fin dans la Confeſſion de la Foy, mais que ſa Maiſtreſſe meſme, qui eſtoit auſſi entrée dans le combat avec elle, & avec les autres Martyrs, eſtoit touchée auſſi bien que

nous d'une pareille apprehenſion , cette
fille ſe trouva remplie d'une telle force
d'eſprit , & d'une telle vigueur de courage , que les Bourreaux qui depuis la
pointe du jour juſques à la nuiɔt n'avoient
ceſſé de la tourmenter l'un aprés l'autre, &
de luy faire ſouffrir tous les ſupplices imaginables, furent enfin laſſez eux-meſmes,
& tout à fait abbatus de fatigue & de
travail. Ils avoüoient publiquement, que
cette fille les avoit vaincus, & qu'il ne leur
reſtoit plus aucun genre de torture qu'ils
n'euſſent exercé contr'elle inutilement. Ils
eſtoient ſurpris, & admiroient tout enſemble de voir vivre encore une perſonne
dont le corps eſtoit tout couvert de mille
playes , & déchiré de toutes parts ; & ils
aſſeuroient devant tout le monde, que le
moindre des tourmens qu'ils luy avoient
fait ſouffrir, eſtoit ſeul plus que ſuffiſant
pour luy faire perdre la vie.

Mais comme la chaleur du combat donne de nouvelles forces aux vaillans Athletes , de meſme la confeſſion de la Foy
Chrétienne inſpiroit une nouvelle vigueur
à cette bien-heureuſe Martyre, & ces paroles qu'elle prononçoit ſans ceſſe: Je ſuis
Chrétienne ; on ne commet aucun crime

parmy nous, adoucissoient ses plus cuisan-
tes douleurs, luy rendoient agreable la
souffrance des plus grandes peines, & éloi-
gnoient d'elle l'aigreur & l'amertume des
plus sensibles de tous les maux.

La patience admirable du Diacre Sancte, semble estre audessus de toute creance, & surpasser toutes les pensées des hommes. Car les Bourreaux esperans arracher
de sa bouche par la multitude & la grãdeur
de leurs tourmens, des paroles indignes de
sa sainteté de sa profession & de son charactere tout Divin, il leur resista avec
une telle fermeté d'esprit, qu'il ne voulut
jamais leur dire ny son nom, ny celuy de
son pays, ny de sa ville, ny s'il estoit esclave, ou d'une condition libre. Il ne répondit jamais autre chose à leurs demandes que ces paroles Latines, *Christianus
sum,* je suis Chrétien ; & ils ne purent jamais tirer de luy autre réponse. Ce qui excita la colere & l'animosité du Gouverneur
& des Bourreaux. De telle sorte que n'a-
yans plus de supplices dont ils le pussent
tourmenter, ils s'adviserenr enfin de luy
brûler les membres du corps les plus tendres & les plus delicats, avec des lames de
cuivre toutes ardantes. Mais quoique le

.faint Martyr fouffrift de fi violentes & de
fi fenfibles douleurs,.neanmoins il demeura ferme & inébranlable dans la confeſſion
de fa Foy. Parceque la fource divine de
cette eau falutaire & vivifiante qui fort
des entrailles facrées de J e s v s, fe répandoit fur luy comme une rofée celefte, &
luy infpiroit une vigueur & une force invincible. Son corps qui par fes playes &
fes meurtriſſeures portoit les marques de
la cruauté que l'on avoit exercée fur luy,
devint tout enflé, tout plein de rides & de
tumeurs, en forte qu'il perdit entierement
la forme exterieure d'un homme. Mais
J e s v s - C h r i s t qui participoit à fes
fouffrances, fit alors des chofes merveilleufes pour la gloire de fon nom. Il terraf-
fa d'un cofté l'orgueil & la violence de
fon Ennemy, & il apprit de l'autre à toute
la pofterité par un fi excellent exemple,
que la crainte ne domine point où regne
l'amour du Pere Eternel, ny la douleur où
regne la Foy de J e s v s - C h r i s t.

Car quoique fort peu de jours aprés
les Barbares tourmentans de nouveau le
faint Diacre, s'imaginaffent que luy faifant fouffrir les mefmes fupplices qu'auparavant, & dans les mefmes membres où

l'enflure & l'inflammation se voyoient par tout, ils triompheroient de sa constance & de sa magnanimité, dautant plus aisément, qu'ils le voyoient déja reduit à n'endurer qu'avec peine qu'on les touchast de la main, & qu'ils creussent qu'au moins il mourroit dans les tourmens, & causeroit par sa mort de l'horreur & de l'effroy dans l'ame des autres Chrétiens. Neanmoins tant s'en faut que les choses leur succedassent selon la vanité de leurs pensées, qu'au contraire le corps du Martyr ayant pris de nouvelles forces dans ces nouveaux supplices recouvra sa premiere forme, contre l'attente & avec l'admiration de tout le monde, & se trouva parfaitement rétably dans l'integrité de toutes ses parties, & dans l'usage de tous ses membres. De sorte que ces seconds tourmens ne luy tinrent pas tant lieu de souffrances, & de maux, que de remede à ses souffrances & à ses maux.

CHAPITRE III.

Triomphe de la grace de Dieu dans sainte Biblis, qui revint de l'Apostasie.

Tourmens des Chrétiens dans les Cachots.

Constance de S. Photin.

Funeste estat de ceux qui avoient renoncé par làcheté.

Merveilleux effect de la protection de Dieu sur les Martyrs prisonniers.

Entre ceux qui avoient renoncé publiquement la Foy Chrétienne, il y avoit une fille nommée Biblis, laquelle le Diable pensant avoir déja engloutie, & desirant d'augmenter encore sa condamnation par les calomnies & les blasphemes qu'il luy vouloit faire prononcer contre Dieu, la fit mener au supplice. Et comme il la tenoit pour une personne lâche & sans cœur, il inspira aux siens de porter cette personne à nous accuser de crimes abomi-

nables,& d'impietez horribles: mais cette
fille revint à foy parmy les tourmens, &
fe réveillant d'un profond fommeil pour le
dire ainfi , les peines prefentes & paffage-
res qu'elle reffentoit, l'avertirent de fon-
ger ferieufement aux peines futures &
eternelles de l'Enfer. Eftant dans cette penfée , elle fit cette réponfe genereufe contre
l'efperance du demon, aux injuftes calom-
niateurs des Chrétiens. Comment feroit-il
poffible que ceux à qui il eft defendu de
manger du fang des animaux irraifonna-
bles , fe puffent refoudre à manger leurs
propres enfans ? Et deflors elle confeffa
hautement qu'elle eftoit Chrétienne , &
rentra par cette confeffion glorieufe dans
la focieté des autres Martyrs.

Le Diable voyant que la patience de ces
bien-heureux , fortifiée par la grace de
Jesvs-Christ rendoit vains & inu-
tiles les fupplices les plus cruels , il refolut
d'agir contr'eux d'une autre maniere. Il
les fit languir en prifon dans des cachots
fombres & obfcurs,dont les tenebres per-
petuelles pouvoient caufer de l'horreur &
de l'ennuy aux ames les plus affeurées.
Dans cét eftat miferable, tantoft on leur
mettoit les pieds dans les ceps , & on leur

tiroit par la force de ces machines, avec
des violences extrémes ; & tantoft on les
tourmentoit d'une autre forte, felon que
les Miniftres deteftables de la malice du
Diable ont accouftumé de traiter les Chrétiens lors qu'ils les tiennent en prifon.

Plufieurs de nos freres que Dieu vouloit
alors tirer de ce monde, eftoient étouffez
par la puanteur de ces cachots fi fâcheux
& fi étroits. D'autres dans lefquels Dieu
vouloit faire paroiftre fa gloire avec un
plus grand éclat, eftant abandonnez des
leurs, & privez de tout fecours humain, ne
laiffoient pas de demeurer encore en vie
dans la prifon , quoiqu'ils fuffent couverts
de tant de bleffeures,qu'il fembloit impof-
fible qu'ils puffent vivre davantage, fi on
ne leur appliquoit des remedes fur leurs
playes. La grace de Dieu foûtenoit leurs
corps, & fortifioit leurs efprits , de telle
forte qu'ils excitoient les autres à demeurer fermes dans la Foy, & les confoloient
dans leurs maux , avec des paroles agreables & toutes pleines de charité: & d'autres qui avoient déja fouffert les tourmens,& dont les playes n'eftoient pas encore mefme re fermées,ayãt efté repris depuis peu,& mis auffi-toft en prifon,y mou-

rurent en fort peu de temps de langueur &
de misere.

Le saint Evesque de Lyon nommé Photin, qui ayant déja passé l'âge de quatre-
vingt dix ans, estoit si foible & si infirme,
qu'à peine avoit-il l'usage de la respiration
libre, se trouva neanmoins si fort & si vi-
goureux par l'ardant desir du Martyre,
dont son cœur estoit embrazé, qu'ayant
esté apporté devant le tribunal du Gouverneur, il monstra par sa magnanimité,
que bien que son corps fust tout cassé de
vieillesse, & tout épuisé de maladies, il
luy restoit encore une ame, & assez forte
& assez genereuse pour faire triompher
Jesus-Christ en elle, par sa fidelité & par sa constance. Aprés que les soldats l'eurent amené en presence des Magi-
strats, & de tout le peuple qui crioit contre luy, parce qu'il estoit Chrétien, il rendit publiquement un illustre témoignage
de sa Foy. Car le Gouverneur luy ayant
demandé qui estoit le Dieu des Chrétiens. Il luy répondit: Vous le connoistrez
si vous en estes digne. On le tira aussi tost
avec violence de ce lieu, & on commença à luy donner mille coups. Ceux qui
estoient prés de luy, le frappoient insolem-

ment avec les pieds & les mains, sans avoir
aucun respect pour une vieillesse si venerable ; & ceux qui en estoient plus éloignez luy jettoient tout ce qu'ils pouvoient
rencontrer , s'imaginans estre coupables
d'un grand crime & d'une horrible impieté, s'ils ne le persecutoient de toutes
leurs forces ; parce qu'ils s'imaginoient
venger ainsi les injures faites à leurs
Dieux.

Ce saint Evesque n'ayant plus presque
de vie, fut mis en prison, & deux jours
aprés il rendit l'esprit. Mais la providence de Dieu éclatta merveilleusement dans
cette sanglante persecution ; & l'infinie
misericorde de Nostre Sauveur s'y fit re-
marquer d'une maniere si extraordinaire,
qu'il ne s'est peut-estre jamais rencontré
parmy les Chrétiens un effect aussi visible & aussi rare de sa bonté, que celuy qui
parut alors , quoique d'ailleurs il soit
tres-conforme à sa grandeur & à sa puissance infinie.

Car les Chrétiens qui avoient trahy leur
Foy aussi-tost qu'ils avoiët esté pris, furent
emprisonnez avec les autres, leur perfidie ne
leur ayant servy de rien : & mesme on employa contr'eux toutes les tortures & tou-

tes les gehennes dont on ufoit envers les
fideles : & comme ceux qui eftoient mis
dans les fers en qualité de Chrétiens, &
fans qu'on les accufaft d'aucun autre crime; de mefme ceux qui avoient renoncé
au Chriftianifme, eftoient detenus en prifon en qualité de criminels & d'homicides,
fe trouvans ainfi plongez dans une double affliction, & beaucoup plus tourmen-
tez que les Confefleurs. Car ceux - cy
eftoient confolez par la joye de fouffrir
le Martyre, par l'efperance des promefles
erernelles, par l'ardeur de leur amour envers Jesvs-Christ, & par l'affiftance
& la protection de l'efprit de Dieu: Et ceux-
là au contraire, fi fort agitez & abbattus
par le poids & les remords de leurs con-
fciences, que lors qu'ils marchoient dans
la Ville, tout le monde les reconnoiffoit en
les regardant feulement. Ceux-cy paroif-
foient en public, avec une gayeté extraordinaire. On voyoit éclater fur leur vifage une beauté & une fplendeur toute celefte. Leurs chaînes mefmes leur don-
n6ient une telle grace, qu'on pouvoit croire qu'elles ne contribuoient qu'à leur ornement, & qu'elles leur tenoient plutoft
lieu de braffelets, que de chaînes, dont on

a accoûtumé de parer les nouvelles ma-
riées, que des liens d'esclaves & de prisonniers. Et de plus, il sortoit de Jesvs-
Christ regnant dans ces ames pures,
une odeur si douce & si agreable, que quelques-uns s'imaginoient qu'ils estoient
parfumez des plus excellens parfums :
Ceux là au contraire, estoient tristes, def-
faits, horribles à voir, & tous couverts de
confusion & de honte. Nos Ennemis les
traitoient de lâches, d'effeminez, & leur
disoient mille injures, & comme si en renonçant le nom si glorieux, si saint & si salutaire de Jesvs-Christ, ils se fussent rendus coupables de meurtres & d'homicides, on ne les appelloit plus que meur-
triers & homicides. Ce deplorable spectacle donnoit de la force & du courage à tous
les autres Chrétiens, & ceux que l'on amenoit devant les Iuges, méprisant les artifices & les suggestions secrettes du Diable, confessoient hautement la verité de
leur Foy & de leur Religion.

CHAPITRE IV.

Nouveaux combats des Saints Martyrs, Mature, Sancte Diacre, & Attale, & de sainte Blandine.

Ordonnance de l'Empereur touchant les Chrétiens.

Merveilleuse conversion de plusieurs qui avoient renoncé I.C. & qui le confessant de nouveau furent Martyrs.

Excommunication de ceux qui demeurerent dans l'Apostasie.

LEs Payens se servirent depuis de divers supplices pour faire perdre la vie à ces bien-heureux Martyrs, qui offrirent ainsi tous à Dieu une seule couronne, composée de mille fleurs differentes, la varieté de leurs combats n'ayant rendu leur victoire que plus illustre & plus signalée, & n'ayant servy qu'à enrichir davantage la couronne celeste qu'ils ont receuë dans l'Eternité. Ces Idolâtres ayant pris le jour qui eſtoit ordinairement deſtiné aux jeux publics, & aux combats des beſtes farouches, pour faire voir au peuple un ſpectacle cruel & inhumain. Ils ſe firent amener dans l'amphitheatre Mature, Sancte, Blandine & Attale, pour les expoſer à la fureur des beſtes ſauvages. Ces deux premiers ſouffrirent de nouveau toutes ſortes de tourmens, avec la meſme fermeté que s'ils n'en euſſent encore ſouffert aucun, & ſe conſiderans comme des Athletes qui ont déja pluſieurs fois terraſſé leurs Adverſaires, ils entreprennent avec joye ce dernier combat, dont le prix eſt une felicité eternelle. On les bleſſe, on les perce de coups, on leur fait ſouffrir toutes les peines dont on a accouſtumé d'uſer en ce lieu envers les ſcelerats & les criminels, on les fait déchirer par les beſtes. Le peuple encore plus farouche & plus brutal que les cruels animaux, demande avec cris & avec inſtance qu'on les livre à toutes les tortures & à tous les ſupplices dont ſa fureur ſe pût adviſer. Et il les fait enfin aſſeoir dans des chaizes de feu ardantes qui les brûlent & les conſument miſerablement. Mais quoique ces Idolâtres ne ſoulaſſent pas leur rage ſans

ſouf-

fouffrir eux-mefmes quelques peines, acaufe de la mauva fe odeur qui fortoit de ces
corps roftis & demy brûlez. Ils ne laifferent pas neanmoins de continuer dans
leur manie, defirans avec paffion de trio n-
pher de la couronne des Confeffeurs. Ils
ne purent pourtant tirer aucune autre
réponfe du Diacre Sancte, que celle qu'il
leur avoit faite d'abord, *Chriftianus fum*,
qu'il eftoit Chrétien. Ainfi ces Martyrs
eftans toûjours demeurez en vie parmy
tant de playes & de tortures, eurent enfin la tefte tranchée, aprés avoir fervy de
fpectacle durant ce jour à ce peuple barbare, qui ne fe repaiffoit pas avec moins
de plaifir de tant d'horribles cruautez, que
des combats des Gladiateurs & des beftes
qu'il avoit accoûtumé de voir en ce lieu.

Quant à Blandine, ayant efté attachée
au haut d'une piece de bois, elle fut donnée en proye aux beftes farouches. Cette
fille paroiffant ainfi fufpenduë en l'air, les
bras en Croix, & priant avec une grande
ferveur, donna une joye nompareille à
tous nos Martyrs, qui voyoient avec les
yeux du corps en la perfonne de leur fœur
le Sauveur du monde crucifié pour les
hommes. La veuë de cét objet fi pieux ani-

H

me leur ardeur & leur zele, & ils se confir-
ment de plus en plus dans la verité de cette maxime sainte : Que celuy qui pour la
gloire de JESVS-CHRIST prendra part
en ses souffrances en cette vie, aura part
aussi en l'autre en son heritage & en son
Royaume. Il n'y eut aucune des bestes qui
eust la hardiesse de toucher la Sainte. Ce
qui fit qu'on la détacha aussi-tost de cette
piece de bois pour la remettre en prison,
la reservant à d'autres combats, afin qu'e-
stant demeurée victorieuse en tant de rencontres, elle attirast d'une part une plus
grande condamnation sur la malice du Diable qui l'avoit persecutée si long-temps,
& si injustement : & de l'autre, qu'elle ex-
citast par son exemple les Chrétiens à demeurer fermes dans la confession de la
Foy. Et ainsi une fille si pauvre, si foible, &
si méprisable, n'ayant pour sa defense que
les armes que l'Apostre donne aux Chrétiens, ne surmonta pas seulement son ennemy en souffrant avec patience tant de
tourmens, mais elle acquit mesme par ses
illustres combats ces hautes recompenses
que Dieu ne reserve qu'à ceux qui l'ay-
ment.

Attale aussi celebre parmy les Idolâtres

pour la Nobleſſe de ſa race, & ſa grande reputation, comme il eſtoit illuſtre parmy les Chrétiens pour ſa pieté eminente, ſa vertu heroïque, & ſa ſcience non commune dans les choſes ſaintes, entra enfin avec joye dans la carriere du Martyre. Mais aprés qu'on l'eut mené dans l'amphitheatre avec cette inſcription Latine gravée ſur un tableau que l'on portoit devant luy, *Hic eſt Attalus Chriſtianus*, c'eſt icy Attale Chrétien, & que le peuple eut témoigné ſa fureur contre ce Saint par ſes cris & par ſes injures, le Gouverneur qui avoit appris qu'Attale eſtoit Citoyen Romain, commanda auſſi toſt qu'on le miſt en priſon, avec les autres hrétiens, & en écrivit à l'Empereur, pour apprendre par ſa réponſe ce qu'il devoit faire d'eux.

Cét intervalle de temps, durant lequel leur mort eſtoit differée, ne leur fut pas inutile & infructueux, parceque la bonté infinie de JESVS-CHRIST daigna s'en ſervir pour faire une effuſion viſible de la grace dans l'ame des Chrétiens. Car les membres vivans de l'Egliſe redonnerent la vie à ſes membres morts. Ceux qui avoient ſignalé leur Foy par la confeſſion du vray Dieu, ſignalerent encore leur cha-

rité par leurs bons offices envers leurs freres qui avoient renoncé Jesvs-Christ,
& l'Eglife qui eft mere & vierge tout enfemble, receut une joye & une confola-
tion infinie de voir qu'entre ceux de fes
enfans qu'elle avoit d'abord rejettez de
fon fein, comme eftans morts, revenoient
alors vers elle tout pleins de vie, & mefme dans une parfaite fanté.

Ceux-cy eftant animez par les exhortations & par l'exemple des autres, eftoient
comme conceus de nouveau dans les flancs
purs de cette divine Mere. Ils y recevoient
une vie nouvelle, une inftruction nouvelle, une forme nouvelle, une ardeur nouvelle pour confeffer la verité de leur Foy,
leur ame fe trouvant comme abyfmée dans
la douceur incomprehenfible de Dieu, qui
ne defire pas la mort du pecheur, mais qui
l'invite à la penitence par fa bonté & fa
mifericorde infinie: ils fe prefentent d'eux-
mefmes devant le tribunal de la Iuftice,
afin que le Gouverneur les interroge encore de leur Foy & de leur Religion.

L'Empereur avoit alors déja ordonné
par fes Lettres, Que tous ceux qui confef-
feroient Jesvs-Christ, finiroient leur
vie par les fupplices les plus cruels: mais

que ceux qui le renonceroient, seroient
renvoyez libres dans la place publique de
cette Ville, qui est celebre par tout le païs,
acause du trafic & du grand commerce
qui s'y exerce. De sorte que le Gouverneur voulant donner au peuple une espece
de divertissement & de spectacle, qu'il
croyoit luy estre tres-agreable & tres-glo-
rieux, il se fait amener devant luy les
saints Martyrs ; il les interroge encore une
fois, & ordonne que ceux qui estoient nais
dans les Villes qui joüissent des mesmes
privileges que celle de Rome, auroient la
teste tranchée, & que les autres seroient
exposez en proye aux bestes sauvages.

Mais ce fut icy qu'on vid reluire avec
éclat la gloire de IESVS-CHRIST. Car
ceux qui avoient renoncé son nom auparavant, le confesserent alors avec une entiere asseurance, contre l'opinion des Payens.
Et ayant esté interrogez en particulier, parce qu'on croyoit qu'on les renvoyeroit ab-
sous, ils declarerent hardiment, qu'ils
estoient Chrétiens. Et ainsi on les mena
avec les autres Martyrs que l'on avoit de-
stiné aux derniers supplices.

Quant aux faux Chrétiens, tout à fait
décheus de la Foy, qui n'en ayant jamais

eu la moindre trace dans l'esprit, ny aucun respect pour la Robe nuptiale de leur Baptesme, ny aucune crainte de Dieu, avoient deshonoré la voye de la verité par leur vie toute criminelle, ils demeurerent separez de l'Eglise, comme des enfans de perdition, & comme des personnes tout à fait abandonnées, & tous les autres y rentrerent, & y furent receus pour la seconde fois, avec une charité toute entiere.

CHAPITRE V.

Glorieux Martyre de S. Alexandre Medecin.

De S. Attale, homme illustre en Noblesse & en science.

Et de S. Pontique enfant de quinze ans.

Incomparable fermeté de sainte Blandine dans les supplices les plus horribles.

LOrs que l'on interrogeoit ces derniers, un Chrétien nommé Alexandre qui estoit de Phrygie, & qui faisant

profeſſion de la Medecine, avoit demeuré
en France pluſieurs années, & eſtoit tres-
celebre pour ſon grand zele envers Dieu,
& ſa genereuſe liberté à preſcher la parole
de l'Evangile. Car il avoit receu du Ciel
cette grace & ce don Apoſtolique. Cét
homme celebre, dis-je, eſtant prés du Tribunal, faiſoit ſigne de la teſte & des yeux
aux Chrétiens pour les exhorter à confeſ-
ſer ſans crainte la verité de leur Foy. Mais
ceux qui eſtoient prés ayant remarqué en
luy par tous ſes geſtes & toutes ſes actions
une ardeur extraordinaire, & une émotion
pareille à celle d'une femme qui enfante:
Et d'ailleurs, le peuple eſtant irrité de la
nouvelle confeſſion de Foy de nos freres,
laquelle ils imputoient au ſeul Alexandre,
ils commencerent à s'émouvoir tous, &
à crier contre luy. Le Gouverneur luy demandant qui il eſtoit; & Alexandre luy
ayant dit qu'il eſtoit Chrétien, il ſe mit en
colere contre luy, & le condamna à eſtre
déchiré par les beſtes.

Le lendemain Alexandre & Attale entrerent enſemble dans une meſme carriere pour combattre. Car le Gouverneur
deſirant obliger le peuple, expoſa de nouveau Attale aux beſtes farouches. Et ces

H iiij

deux Athletes aprés avoir combattu tres-
vaillamment, & avoir épuisé dans l'amphitheatre toutes les machines & les supplices
qu'on avoit pû inventer contr'eux, eurent
enfin la teste tranchée. Alexandre ne fit aucune plainte , & ne jetta pas le moindre cry, mais ayant l'esprit élevé au dessus
des choses de la terre, il s'entretint toûjours interieurement avec Dieu, & Attale ayant esté mis dans une chaire de fer
toute rouge & toute en feu, lors qu'il vid
la fumée qui sortoit hors de son corps brûlé, s'élever en l'air, il s'addressa au peuple,
& luy parla en Latin de cette sorte :

N'est ce pas ce qu'on doit appeller devorer & consumer les hommes? & n'est-
ce pas vous autres qui faites ces actions si
genereuses? Pour nous qui sommes Chrétiens , ny nous ne mangeons les hommes , comme l'on vous veut faire croire, ny nous ne commettons aucun crime.
On demanda à ce grand Martyr , comment son Dieu s'appelloit : A quoy il répondit , que Dieu n'avoit point de nom
comme les hommes.

Ces choses s'estans passées de la sorte,
& le dernier jour de cette sanglante tra-
gedie estant arrivé, l'on amena dans l'am-

phitheatre Blandine & Pontique, qui ne pouvoient avoir qu'environ quinze ans. On les faifoit venir tous les jours pour eftre fpectateurs des fupplices de leurs freres ; & on les preffa alors de jurer par les Idoles des Payens. Mais parceque ces Saints demeuroient fermes & conftans dans la Religion Chrétienne , & qu'ils méprifoient ces Idoles & tous ces faux Dieux, le peuple tranfporté de fureur & de colere, exerçoit contr'eux toute forte de barbarie & de cruautez, n'eftans touchez d'aucune compaffion, ny pour l'âge fi tendre de l'un , ny pour le fexe de l'autre. On commença donc à les tourmenter avec plus de violence que jamais , & à leur faire fouffrir tous les fupplices imaginables pour les faire jurer par leurs Dieux ; mais ce fut en vain. Car Pontique que fa chere fœur en JESVS-CHRIST avoit animé à ce combat, de telle forte, que les Payens mefmes attribuoient fa fermeté & fa conftance aux exhortations de cette Sainte, rendit fon efprit à Dieu, aprés avoir enduré avec un courage merveilleux tant de peines & tant de tourmens.

La bien-heureufe Blandine demeura

pour la derniere de tous les Martyrs, &
comme une noble & genereuse mere,
aprés avoir animé ses enfans aux peines
& aux souffrances ; aprés avoir rendu
avec eux tant de signalez combats, & les
avoir tous envoyez triomphans & victorieux à JESVS-CHRIST, elle se hasta
de les suivre : & toute transportée de
joye de se voir si proche de l'heureuse fin
de sa course & de sa vie, elle ne se considera pas comme une personne abandon-
née miserablement à la cruauté des bestes,
mais comme une Chrétienne invitée avec
honneur au festin celeste de son cher Es-
poux. Son corps est couvert de mille
playes ; elle est déchirée par les bestes ;
elle est brûlée dans une chaudiere ardante ; elle est mise dans un filet à la rage
d'un cruel Taureau. Cet animal furieux la
heurte cent fois, la perce de ses cornes,
& l'enleve en l'air avec une force & une
violence prodigieuse : & n'ayant plus aucun sentiment pour toutes les peines
qu'on luy pouvoit faire souffrir, parceque
son ame estoit attachée avec une fermeté
inébranlable aux promesses eternelles,
elle n'estoit occupée que dans les entretiens celestes de JESVS-CHRIST. On

luy ofte la vie d'un coup d'épée. Tout ce peuple Idolâtre confeffa publiquement, qu'il n'avoit jamais veu de femme fouffrir de fi cruels tourmens, & en fi grand nombre, avec tant de conftance & de generofité.

CHAPITRE VI.

Inhumanité des Payens envers les corps morts des faints Martyrs.

MAIs leur haine & leur manie ne fut pas encore fatisfaite ; ces Barbares poffedez d'un efprit diabolique ne fe dépoüillerent point de leur inhumanité. Ils exercerent leur malice & leur vengeance mefme fur les corps morts de ces faints Martyrs. Comme ils avoient tout à fait perdu le fens, la magnanimité des illuftres defenfeurs de la Foy ne fut pas capable d'arrefter leur brutalité & leur folie. Le Gouverneur & le peuple qui fembloit avoir jetté contr'eux tout leur fiel & tout leur poifon, ne firent que s'échauffer encore davantage : & leur bile plus noire & plus enflammée que celle des beſtes farouches, s'alluma avec une telle ardeur, que l'on vid en eux cette parole de l'Eſcriture veritablement accomplie, Que le méchant & impie devienne encore plus méchant & impie, & que le juſte devienne encore plus juſte.

Ils expoſerent en proye aux chiens les corps des Martyrs, que la puanteur des priſons, ou les ſupplices, avoient fait mourir ; & ils les garderent jour & nuiĉt avec un extréme ſoin, de peur que quelqu'un des noſtres ne les enterraſt. Ils garderent auſſi avec une vigilance pareille les teſtes & les corps de ceux qu'on avoit decapitez, & les membres des autres qui avoient eſté mis en pieces par les beſtes dans l'amphitheatre, ou qui n'eſtant que demy brûlez, n'avoient pû eſtre encore conſumez par le feu.

Quelques-vns de ces Payens ayans encore le cœur tout plein d'amertume & de fureur contre nos freres, grinçoient les dents, & employoient tout leur eſprit & toute leur induſtrie pour traiter avec des indignitez nouvelles & inoüyes ces reſtes miſerables de leur cruauté. D'autres ſe mocquans de ces ſaints Martyrs, donnoient de grandes loüanges à leurs Idoles, qu'ils

consideroient comme les autheurs d'une
punition qu'ils tenoient si juste, & d'une
vengeance qui leur sembloit si equitable.
Plusieurs qui paroissoient un peu plus moderez dans leurs actions, & touchez de
quelque pitié, ne laissoient pas neanmoins
de leur insulter en ces termes : Où est donc
maintenant leur Dieu? dequoy leur a servy leur fausse Religion qu'ils ont prefe-
rée à leur propre vie ? Voila quels estoient
les divers sentimens de ces Idolâtres dans
l'union d'une mesme cruauté. Mais quant
à nous, nous estions extremement affligez d'un procedé si tyrannique, & de voir
qu'il nous estoit impossible d'ensevelir les
saints corps de nos Martyrs, & de rendre
les derniers devoirs à leurs cendres. Car
ny les tenebres les plus noires de la nuict
ne pouvoient rien contribuer à l'accom-
plissement de nostre desir, ny les promesses des plus grandes sommes d'argent ne
pouvoient fléchir ces ames brutales, ny
les prieres les plus humbles ne les pouvoient appaiser. Ils gardoient ces corps
avec une assiduité nompareille, s'imaginans qu'il leur estoit glorieux & honorable d'empescher qu'ils ne receussent la sepulture.

Aprés les avoir laiffé ainfi à l'air durant fix jours, & les avoir traicté de la maniere la plus ignominieufe dont ils s'eftoient pû advifer, les Bourreaux les mirent au feu, & en jetterent les cendres dans la riviere du Rhône qui paffe auprés de la ville, afin qu'il n'y euft plus fur la terre aucune relique d'eux. Ils crûrent par là demeurer tout à fait victorieux du Dieu des Chrétiens, & priver pour jamais ces Saints de la regeneration de leurs corps, & par confequent de toute efperance de refurrection. C'eft fur cette efperance, difoient ils, qu'ils fe font toûjours appuyez, & que non feulement ils ont introduit parmy nous une Religion nouvelle, étrangere, & extravagante: mais que mefme ils ont méprifé les plus grands tourmens, & ont couru à la mort avec joye & avec ardeur. Voyons maintenant s'ils reffufciteront, comme ils fe le perfuadent, & s'il eft au pouvoir de leur Dieu de les fecourir, & de les tirer de nos mains.

CHAPITRE VII.

Profonde humilité des saints Confesseurs de I. C.

Leur ardente charité envers leurs freres qui estoient tombez dans l'Apostasie.

Ils condamnent par leur procedé l'heresie toute nouvelle de Montan, qui refusoit le remede de la penitence aux Chrétiens tombez dans l'Apostasie depuis le Baptesme.

MAis il faut icy parler de la charité de ceux de nos freres, qui ont eu part à cette sanglante persecution, puis qu'ils se font rendus vrais imitateurs de l'humilité admirable de JESVS-CHRIST, qui ayant la mesme essence que Dieu son Pere, n'auroit pas crû faire un larcin de se rendre égal à Dieu, estant par sa nature une mesme chose, & neantmoins il n'a pas laissé de s'humilier, & de s'aneantir soy-mesme, en prenant la forme d'un esclave.

De mesme ces fideles Disciples du Maistre Celeste, estans parvenus au plus haut degré de gloire & d'honneur, où les plus illustres Martyrs peuvent arriver en ce monde, sans perdre la vie, puis qu'ils n'avoient pas seulement souffert une fois ou deux, mais plusieurs fois les plus horribles tourmens ; qu'ils avoient esté exposez aux bestes farouches, & brûlez avec des fers ardans ; qu'ils estoient mesme encore tout meurtris de coups, & tout couverts de playes & de blesseures : ils estoient neanmoins si éloignez de tirer vanité de cette gloire, & de se publier eux-mesmes comme Martyrs, ou de permettre que les autres les appellassent de ce nom, que si par hazard quelqu'un les nommoit ainsi, ou en les saluant, ou en leur parlant, ou en leur écrivant, ils l'en reprenoient avec beaucoup de severité. Ils vouloient donner un nom si auguste à JESVS-CHRIST, parce qu'il est le veritable & fidele Martyr, le premier nay des Martyrs, le Chef & l'Autheur de la vie divine. Et nous remettant en memoire ces genereux Confesseurs qui estoient déjà sortis de la prison de leurs corps pour aller au Ciel, ils nous disoient que c'estoit eux qu'il fal-

loit traiter de Martyrs, puis qu'aprés avoir
confeſſé Dieu en ce monde, il les en
avoit tirez pour leur donner place en ſon
Royaume, & qu'il avoit ſeellé leur Martyre de la fin glorieuſe de leur vie, comme
d'un ſceau & d'une marque certaine de
leur inviolable fidelité. Mais de plus, ils
nous ſupplioient avec larmes, nous qui
ne ſommes que les derniers des Confeſſeurs, & les moindres de tous les freres entre les Chrétiens, de prier Dieu de tout
noſtre cœur, afin qu'il luy pleuſt achever
par une heureuſe ſortie de cette vie l'ouvrage qu'il avoit commencé en eux, avec
une bonté & une grace ſi ineffable. Et enfin, quoy qu'ils euſſent fait voir à tout le
monde, combien ils eſtoient animez de
l'Eſprit ſaint & genereux du Martyre, puis
qu'ils avoient confeſſé devant tout le
monde la verité de la Religion Chrétienne, & qu'ils eſtoient demeurez fermes
contre toute ſorte de tourmens par leur
patience, leur magnanimité, & la grandeur de leur courage : toutefois la crainte de Dieu dont leur cœur eſtoit remply,
leur faiſoit rejetter par un mouvement
d'une humilité merveilleuſe, le nom de
Martyrs, que leurs freres leur vouloient

donner, comme estant trop glorieux &
trop élevé pour eux.

Ainsi parce qu'ils se sont humiliez dans
la terre sous la main toute puissante de
Dieu, ils ont esté élevez dans le Ciel pour
y regner eternellement. Tant qu'ils ont
vescu icy bas, ils ont toûjours defendu les
innocens de l'oppression, & n'ont point
opprimé les pauvres. Ils ont toûjours procuré la liberté aux Captifs, & ne l'ont
ostée à personne. Ils ont prié pour leurs
ennemis, qui leur ont fait souffrir tant de
maux, & se sont rendus vrais imitateurs
du grand Estienne ce parfait Martyr, en
disant comme luy, Seigneur ne leur im-
putez point ce peché. Que s'ils ont tas-
ché d'arrester par leurs prieres la vengeance de Dieu qui menaçoit leurs injustes
persecuteurs ; combien ont-ils imploré sa
misericorde pour ceux de leurs freres qui
s'estoient miserablement precipitez dans
la mort, en renonçant à la Foy & à leur
salut tout ensemble ? L'ardante charité
qu'ils avoient pour eux, leur fit entreprendre une guerre spirituelle & invisible contre le Diable. Leur zele les porta à
combattre cette beste si redoutable ; &
leur amour si violent pour les membres

de J e s v s - C h r i s t, força ce cruel
dragon de leur rendre & vomir encore
tout vivans ceux qu'il s'imaginoit avoir
déja engloutis & devorez comme morts.
La cheute des foibles ne leur fut pas un
sujet de vanité. Dieu les ayant comblez
des dons de sa grace, ils en firent larges-
se à ceux qui estoient dans une si extréme
indigence, sans en devenir plus pauvres
eux-mesmes ; & ils répandirent sur eux
avec joye les richesses qu'ils avoient receuës du Ciel, sans rien perdre de leur
abondance. Ils furent touchez en vers leurs
freres des mesmes mouvemens de compassion dont un pere est émeu envers son fils
lors qu'il luy pardonne ses fautes. Ils
verserent pour leur salut des ruisseaux de
larmes en presence de la Majesté de Dieu.
Ils luy demanderent avec ferveur, qu'il
daignast leur rendre la vie ; & sa bonté
leur accordant leur demande, fit rentrer
dans l'union du Corps de l'Eglise, les membres qui en avoient esté separez. Enfin,
ces grands serviteurs ne respirans que les
biens du Ciel, demeurerent victorieux de
toutes les choses de la terre. Comme la
paix fut leurs delices, ils nous recomman-
derent la paix. Ils sortirent de ce monde

avec la paix , & ne laisserent à l'Eglise
sainte, qui est leur Mere , aucun sujet de
trouble & de déplaisir , ny à leurs amis
aucune semence de division & de discor-
de, mais la joye & la paix , l'union & la
charité.

Nous avons bien voulu rapporter pour
l'utilité des Lecteurs ces particularitez si
remarquables , qui font voir la grandeur
de l'amour de ces bien-heureux Martyrs
envers leurs freres qui avoient renoncé
la Foy Chrétienne , afin de convaincre la
cruauté & l'inhumanité de ceux qui se rendent durs & impitoyables envers les fideles lors qu'ils les voyent tombez par leur
faute dans quelque peché depuis le Baptesme.

Chapitre VIII.

Revelation faite à Attale touchant l'un de ces Martyrs nommé Alcibiade.

CEs saints Confesseurs (dit Eusebe) rapportent encore dans cette Lettre une Histoire tres-digne de remarque, qui est telle.

Alcibiade l'vn de ces Martyrs (disent ces saints Confesseurs dans cette Lettre) menoit une vie rude & austere, & avoit accoûtumé de ne point manger de chair, ny de viandes cuites ; mais de n'user que de pain & d'eau. Il resolut de mener cette maniere de vie dans la prison. Mais aprés qu'Attale eut esté exposé au premier combat pour la premiere fois dans l'amphitheatre, Dieu luy revela qu'Alcibiade faisoit mal de ne vouloir pas user des creatures de Dieu, & de donner sujet aux autres par son exemple de le suivre dans son erreur. Alcibiade se rendit à ces remonstrances des freres, & ne fit plus de scru-

pule de manger indifferemment de toutes
fortes de viandes, fans difcerner entre les
pures & les impures, & beniffant Dieu qui
les luy donnoit. Ce qui monftre que Dieu
ne les avoit pas laiffez dépourveus de la lumiere de fa grace ; mais qu'ils avoient le
faint Efprit pour guide & pour condu-
cteur.

Les heretiques de ce temps fe fervent
de cette Hiftoire pour condamner ce qui
fe pratique dans l'Eglife Catholique touchant l'abftinence des viandes. Mais il ne
faut que confiderer ce qu'en dit le fieur
Daillé dans fon Livre des Ieufnes & du
Carefme, pour faire voir le peu de fonde-
ment qu'ils en ont. Car ce Miniftre fait
trois Remarques fur cét endroit d'Eufebe.

*La premiere, Qu'il eft permis à qui que
ce foit, de ne manger que des viandes fé-
ches, auffi bien que de manger de la chair.*

*La feconde, Qu'il y avoit neanmoins peu
de perfonnes qui vefcuffent dans cette au-
fterité. Autrement cela n'euft caufé ny admiration, ny fcandale aux autres Chrétiens.*

Il n'eftoit point befoin ny d'hiftoire ,
ny de raifonnement pour prouver une
chofe fi facile à croire, & qui n'a jamais
efté contefteé. Car qui a jamais pretendu

que ç'ait esté une chose fort commune
parmy le peuple Chrétien, de ne vivre que
de pain & d'eau, comme faisoit cet Alcibiade.

La 3. est, que ceux-là ne font pas bien,
qui s'attachent avec trop d'opiniastreté à
cette austerité de vie. Non que ce soit
mal fait de ne vivre que de viandes se-
ches, si quelqu'un a assez de force pour ce-
la ; mais parceque cela peut causer du scan-
dale aux freres, ausquels il faut principa-
lement avoir égard.

On peut demeurer d'accord de tout cela, sans que cela fasse quoy que ce soit
contre la doctrine des Catholiques, qui ne
nieront jamais, qu'un homme ne fist mal
de s'opiniastrer à ne vivre que de pain &
d'eau, lors que cela cause du scandale à
ses freres. Or c'est tout ce qu'on peut con-
clure de cette histoire. Car quant à ce que
ce Ministre ajoûte touchant la cause de
scandale, il est assez étrange qu'il n'ait pas
veu que n'estant point expliquée dans
cette Lettre des Martyrs de Lyon, il n'est
pas plus croyable dans ses conjectures, que
Bellarmin dans les siennes.

Il veut que ce scandale vint de ce que
les autres Chrétiens qui voyoient Alci-

biade vivre de la forte, le foupçonnoient,
ou de quelque erreur, ou d'ambition; ou
bien qu'il croyoit que cette forte de vie
devoit eftre neceffairement embraffée, &
qu'il n'eftoit pas libre de vivre autrement.

Et le Cardinal Bellarmin pretend que
le fcandale dont il eft parlé dans cette Lettre, venoit de ce qu'on le foupçonnoit d'e-
ftre dans l'herefie de ceux qui condam-
noient les viandes comme impures.

Le fieur Daillé fe met fort en peine de
combattre cette penfée de Bellarmin. Mais
en verité il n'y a rien de plus pitoyable
que les argumens qu'il employe pour cela, puis qu'il n'y en a aucun qui ne foit
auffi fort contre fon explication du fcandale, que contre celle du Cardinal Bellarmin.

Ny Eufebe, dit-il, *ny les Martyrs de Lyon
ne difent rien de cela, & cependant fi
c'euft efté là l'occafion du fcandale dont ils
parlent, ils l'auroient deu dire, & aver-
tir les Lecteurs qu'Attale avoit eu cette
vifion pour affeurer les freres, & qu'il
n'y a rien d'impur par fa nature, & qu'Alcibiade n'avoit jamais efté dans cette herefie.*

Mais comment n'a-t-il pas veu qu'on
en

en peut dire autant de la raison qu'il apporte de ce scandale. Que ny Eusebe ny
ceux de Lyon n'en disent rien. Et qu'ils
l'auroient deu dire, & advertir les Lecteurs, qu'Attale avoit eu cette vision,
pour apprendre aux freres que cette sorte
de vie n'est pas d'obligation à tous les
Chrétiens, ou qu'Alcibiade ne l'avoit pas
embrassée par ambition.

Mais si le soupçon des freres, (adioûte-
t-il) eût esté tel que dit Bellarmin, qu'e-
stoit-il necessaire pour s'en purger de qui-
ter ses austeritez accoûtumées ? Ne pou-
voit-il pas les asseurer, mesme par serment,
qu'il ne croyoit point que les viandes fus-
*sent l'ouvrage d'un mauvais Dieu, & *
qu'il ne s'en abstenoit pas pour les croire
impures par leur nature, mais seulement
pour dompter sa chair, & se preparer au
Martyre par cette austerité de vie ? Pour-
quoy estoit-il necessaire qu'il en mangeast
effectivement pour se purger du soupçon
que l'on avoit contre luy ? N'avoit-il pas
de langue ? ne pouvoit-il pas employer pour
cela la parole & le serment ? Est-ce que
ses freres estoient si durs & si inhumains
que de ne pas adioûter foy à ce que leur
eût dit mesme avec serment un saint Con-

I

feſſeur, qui eſtoit preſt d'aller rendre l'a-
me à Dieu par le Martyre.

Il ne faut qu'un peu de ſens commun
pour reconnoiſtre qu'on peut dire toute la
meſme choſe contre ce Miniſtre. Car dequoy que ce ſoit que l'on ſoupçonnaſt,
ſelon luy, ce Confeſſeur, ou d'erreur, ou
d'ambition, ou de croire que cette ſorte de
vie eſtoit d'obligation à tous les Chrétiens, pourquoy eſtoit-il neceſſaire, luy
dira-t-on, qu'il la quittaſt pour ſe purger d'aucun de ces ſoupçons ? Luy eſtoit-il pas facile d'aſſeurer ces Martyrs,
meſme avec ſerment, qu'il n'avoit aucune erreur particuliere ſur ce ſujet, qu'il ne
vivoit point de la ſorte par un eſprit de
vanité, & qu'il ne s'imaginoit point que
tous les autres fuſſent obligez de vivre
de la meſme ſorte ? N'avoit-il point de
langue, & ne ſe pouvoit-il ſervir de la parole & du ſerment, pour éloigner de luy
ces faux ſoupçons ? Eſt-ce que ſes freres
eſtoient ſi durs & inhumains que de ne
pas adjoûter foy à ce que leur euſt dit,
meſme avec ſerment, un ſaint Confeſſeur
qui eſtoit preſt d'aller rendre l'ame à
Jᴇsᴠs-Cʜʀɪsᴛ par le Martyre ?

Il n'y a donc rien de plus foible que les

raiſons de ce Miniſtre, contre la conjectu-
re de Bellarmin, qui eſt beaucoup plus
vray-ſemblable que les ſiennes. Car y
ayant alors tant d'heretiques qui s'abſte-
noient des viandes, les croyant impures,
que c'eſtoit un ſoupçon fort pardonnable
& fort naturel, de craindre qu'un homme
ne fuſt engagé dans cette erreur, en voyant
qu'il affectoit de paroiſtre ſingulier, ne vivant que de pain & d'eau, lors qu'il ſemble
que la charité le devoit porter à s'accom-
moder un peu davantage à la vie plus commune de ſes freres.

CHAPITRE IX.

Sage reflexion de S. Auguſtin, ſur ce
qu'on jetta les cendres des corps de
ces ſaints Martyrs dans la
riviere du Rhône.

CE ſeroit dérober à cette Hiſtoire un
de ſes plus grands ornemens, que de
ne pas rapporter en cét endroit une excellente reflection que fait S. Auguſtin en ſon
Livre, du ſoin qu'on doit avoir pour les

morts, sur ce qu'il ne resta rien des corps de ces saints Martyrs, qu'on pust honorer de la sepulture. Nous lisons (dit-il) dans l'Histoire Ecclesiastique écrite en Grec par Eusebe, & traduite en Latin par Ruffin, qu'on exposa aux chiens les corps des Martyrs de France, qu'on jetta dans le feu le reste des chiens, qu'on fit brûler & consumer entierement tous leurs os, & qu'on répandit toutes leurs cendres dans la riviere du Rhône, afin qu'il n'en restast rien dans la memoire des siecles à venir : Nous devons croire qu'un procedé si barbare n'a esté permis de Dieu que pour apprendre aux Chrétiens, que s'ils méprisent cette vie pour confesser la divinité de JESVS-CHRIST, ils doivent encore beaucoup plus mépriser la sepulture. Car si cette insigne inhumanité qu'on a exercée sur les corps de ces Martyrs, leur devoit nuire en quelque chose, & empescher leurs ames victorieuses des puissances de la terre, de joüir d'un parfait & d'un bien-heureux repos, Dieu n'auroit pas souffert que l'on en usast contr'eux. On reconnoist donc par là, que lors que N.S. a dit : Ne craignez point ceux qui tuent les corps, & qui ne peuvent plus rien

faire aprés, il n'a pas eu defsein d'empefcher que les Tyrans ne fifsent des corps
morts ce qu'ils voudroient : mais nous apprendre, que quoy qu'il leur permift de
faire, ils ne pouvoient rien faire qui puft
diminuer la beatitude de ces Saints, qui
puft eftre fenfible à ces Ames toûjours
vivantes aprés la mort , qui puft feulement leur ravir quelque partie de leurs
corps , & les rendre moins parfaits &
moins entiers dans leur refurrection.

CHAPITRE X.

*Excellente Homelie de S. Eucher Ar-
chevefque de Lyon , qui vivoit au
mefme temps que S. Auguftin , en
l'honneur de ces faints Martyrs.*

QVand ce feroit à des Martyrs d'u-
ne Region éloignée que nous ren-
drions tous les vœux & tous les devoirs
que la pieté Chrétienne eft obligée de leur
rendre, nous ne laifserions pas d'en tirer un
fruit particulier pour le bien fpirituel
de nos ames : noftre Foy nous rendroit

propres ces communs intercesseurs , &
quelques éloignez que soient leurs corps,
l'assistance que nous espererions d'eux ne
seroit pas moins proche de nous. Car c'est
par la charité des cœurs, & non par la pro-
ximité des lieux, que l'on obtient leur protection ; & l'on se procure autant l'entre-
mise favorable de ces favoris de Dieu,
qu'on leur rend d'honneur & de reverence. Il est donc bien juste de nous unir
plutost par nostre ferveur & par nostre zele avec les Martyrs qui nous sont comme
étrangers, que d'éloigner de nous par une
mole negligence & une tiedeur irreligieu-
se ceux qui nous sont comme propres &
parmy nous.

Reconnoissons, mes tres chers freres, la
riche profusion de la liberalité Divine envers nostre Eglise. Les peuples de chaque Ville se réjoüissent, lors que seulement ils sont enrichis & fortifiez par les
Reliques d'un seul Martyr. Et nous plus
heureux que les autres , nous possedons
des peuples entiers de Martyrs. Que nostre
terre soit comblée de joye , d'avoir esté
nourrice de ces celestes soldats, & la mere
feconde de tant de vertus. Certes ces prophanes ennemis ne luy pouvoient tant

ſervir par leurs bons offices qu'ils luy ont ſervy par leurs violences. Car il paroiſt par la grandeur de la feſte que nous cele-brons en ce ſaint jour, quautant que l'inju-ſtice des hommes s'eſt débordée contr'el-le, avec excez & avec fureur, autant la grace & la benediction du Ciel s'eſt répan-duë ſur elle avec abondance.

Nous liſons dans l'Evangile que Hero-des perſecutant JESVS-CHRIST donna la mort à mille petits & heureux enfans, & que le Prophete a dit à ce ſujet, Ra-chel a pleuré ſes fils, & n'a ſceu ſe con-ſoler de leur perte. Mais je puis dire de l'Egliſe de Lyon, que cette bien-heureu-ſe mere, & que cette illuſtre patrie de tant de guerriers victorieux, qui eſt deve-nuë ſi riche, par les merites de ceux qu'el-le a mis au monde, encore que pour un moment elle ſemble aux yeux de ceux qui ont eſté ſpectateurs de ces Martyrs, perdre ce qu'elle avoit de plus cher, elle n'a pas beſoin toutefois qu'on la conſole, & elle ne pleure point ſes enfans, parce-que dans leur mort meſme elle a acquis ce qu'elle a perdu. Et ainſi, ô Bethléem terre de Juda, qui avez ſouffert la cruauté d'Herodes par le meurtre de tant d'In-

nocens, & qui avez merité d'offrir à Dieu
la trouppe toute blanche d'un âge si tendre, nostre Lyon pourroit disputer de son
bonheur avec vous ; vous la surpassez en
nombre, mais elle vous surpasse en merite. Il n'y a eu dans vos Martyrs que la
souffrance de la mort. Il n'y a point eu de
confession de la verité. Il n'y a eu dans vos
Martyrs qu'une occasion de bonheur, mais
il y a eu dans les miens un combat de
sueurs & de constance. C'est la seule fin de
la vie des vostres qui vous a esté un sujet
de benediction ; mais ç'a esté la vertu &
la magnanimité des miens qui m'a enrichie. Vous avez veu ces enfans mourans
dans leur sang, mais vous n'avez pû attendre qu'ils combattissent dans la carriere.
C'est l'innocence de ces victimes qui vous
a rendu si celebre, & c'est la gloire de ces
triomphateurs qui m'a couronnée. Les
vostres ont receu les recompenses du Ciel,
sans avoir sceu seulement ce que c'est que
le Martyre ; mais les miens ont esté affligez par les tourmens, déchirez par les supplices, & consumez par les feux comme
victimes sacrifiées : autant qu'ils ont receu
de playes en leurs corps, autant ils ont receu de couronnes dans leurs ames, & ainsi

ces mortelles blesseures les ont consacrés
avant que de les tuër. Vous avez presenté
à Dieu des personnes qui estoient encore
dans l'enfance, & que leur âge rendoit
impuissans à tout ; & moy je luy ay offert des personnes sages & raisonnables
qui estoient consumez en vertu. Ceux que
vous avez presenté à Dieu pouvoient recueillir le fruit du Martyre, & ne pouvoient
craindre le peril de renoncer J E S V S-
C H R I S T ; mais ceux que je luy ay of-
ferts pouvoient tellement vaincre par leurs
travaux, qu'ils pouvoient perdre la Foy
par leur lâcheté. Vous avez presenté un
petit peuple, de peur qu'un Prince sacri-
lege ne trouvast le Sauveur encore enfant, qu'il vouloit oster du monde ;
& moy je luy ay offert une compagnie
forte & vaillante, par l'exemple de laquelle le mesme Sauveur devenu immortel
& glorieux, pouvoit attirer à son service
les Bourreaux mesme, & les sacrileges, en
convertissant & en sauvant les Ministres
de ces persecuteurs. Enfin dans cette mort
favorable, où lors qu'Herodes cherche un
seul enfant sacré, il a immolé tant d'autres enfans, il n'y a eu qu'un sexe, sçavoir
le plus noble, qui ait participé au triom-

phe ; mais dans cet heureux meurtre des miens, les deux sexes y ont esté joints dans la lice triomphante, où il a plû à Dieu me faire entrer. Il s'est trouvé des femmes qui malgré leur foiblesse naturelle, ont terrassé le Prince du monde : ma trouppe a pû avoir dans elle des enfans, des Innocens comme les vostres ; mais vostre trouppe n'a pû avoir une Blandine comme la mienne.

Et de plus, la divine providence a voulu que le grand Pontife ne manquast pas d'assister à ces grands sacrifices de mon peuple. On enleva le venerable vieillard chargé de tant d'années, nostre bien heureux Pere Photin, tres-illustre Prelat de cette Eglise : on le mena aux tortures, & dans la prison on joignit le Pasteur à son trouppeau pour honorer davantage sa charité & sa vigilance Pastorale. Et aprés qu'il eut offert à Dieu le Sacrifice du Corps du Seigneur, on l'emmena devant les prophanes Tribunaux, pour offrir à Jesvs-Christ une nouvelle hostie en s'offrant luy-mesme. L'abbattement de son extréme vieillesse luy osta si tost la vie par les mauvais traitemens de ses Geoliers, que l'on reconnut qu'il n'avoit esté reservé jusques alors que pour estre honoré du Martyre. Heureux Prelat, qui estant sur le dernier pas de sa vie, n'a point deub la fin à la nature, mais à la grace, & ne l'a point terminée par l'infirmité humaine, mais par une gloire toute Divine.

L'exemple d'un Pere si magnanime fortifia la pieté des enfans, & ils se jetterent plutost avec ardeur au milieu des supplices qui leur estoient preparez, qu'ils ne les receurent avec patience. Les courages invincibles de ces Saints épuiserent & consumerent ce que la cruauté la plus ingenieuse avoit inventé de nouveaux tourmens. Ils surmonterent le poids de ces maux intolerables, jusques à les mépriser mesme. Et en sentant la douleur, ils obtinrent de Dieu la grace de ne la pouvoir sentir. On les mit dans les flammes, elles n'eurent que la force de les purifier. On les exposa aux bestes, mais ces animaux furieux & affamez n'oserent toucher à leur proye. Aprés que leurs membres eurent esté déchirez par les ongles de fer, & les cruelles tortures, les feux les sanctifierent en n'osant les consumer, & les bestes farouches les honorerent en n'osant

les devorer. Où sont maintenant ceux qui
disent qu'on ne doit point rendre de veneration aux sacrez corps des Martyrs ? Voila des bestes farouches, qui n'ayans aucun sentiment de Religion, leur rendent
des devoirs de reverence, & qui n'ayans
aucun discernement de la raison naturelle, reconnoissent neanmoins pour la condamnation des sacrileges, l'honneur qu'elles doivent aux Saints. Et ainsi des creatures qui devoient servir d'executeurs &
d'instrumens du supplice, deviennent par
un prodige admirable, les témoins de l'innocence des condamnez, & portant respect
à la pieté de ces Justes, elles prononcent
dans leur silence un jugement souverain
contre l'impieté de ces méchans.

Mais lors que nostre Eglise, mes tres-
chers freres, s'élevoit de si glorieux trophées de sa Foy, l'injustice & la violence
travailloit à se surmonter elle-mesme par
la nouveauté & l'enormité de ses crimes.
Voulant priver ces corps Saints de l'honneur de la sepulture, ils resolurent de les
brûler, & aprés la mort des hommes, ils
voulurent combattre l'humanité mesme.
Lors que la cause de leur fureur estoit finie,
ils ne mettoient pas encore fin à leur

cruauté; mais toutefois malgré qu'ils en
euſſent, ils rendoient un témoignage de
la beatitude de ces Martyrs, par l'envie
qu'ils leur portoient encore meſme aprés
la mort. A-t on jamais veu plus viſible-
ment que la malice a toûjours pour com-
pagne la folie? Ils reduiſoient en cendres
ces os venerables, comme ſi leur merite
euſt pû eſtre conſumé par les flammes, &
leurs vertus eſtre brûlées avec leurs membres. Que cette rage, mes freres, eſtoit in-
ſenſée! Ils refuſoient la terre á ceux à qui
ils procuroient le Ciel. Tu t'és donc ef-
forcée en vain, ô barbarie inoüye; en vain
tu as creu étouffer la memoire de ceux
dont tu as ſemé la gloire de toutes parts.
Tu jettes dans le Rhoſne une pouſſiere ſi
ſainte, de peur qu'elle ne reſſuſcite; mais
la reſurrection ne s'éteint point dans les
eaux, puis qu'au contraire, c'eſt dans les
eaux meſmes que la grace fait renaiſtre
tous les fideles dans les eaux ſacrées du
Bapteſme. Tu répans des cendres adora-
bles dans le Rhoſne, mais la force de ce
fleüve ne fait en les diſſipant, que ce que
le temps feroit peu à peu, ſi elles eſtoient
ailleurs: & tout ce qu'un oyſeau a pû emporter de ces corps, tout ce qu'une beſte

en a devoré, tout ce que les flots en ont
englouty, quoiqu'il ne soit pas enfermé
dans le sepulchre, il est contenu neanmoins
dans le vaste sein du monde, & la repara-
tion des corps des hommes ne dépend pas
de ce qui s'en conserve dans la terre, mais
de la souveraineté de la loy du Ciel qui l'a
ordonné, & de la puissance du Reparateur.
C'est luy qui a dit d'une bouche tres-veritable : Je suis la Resurrection & la vie.
Et c'est luy qui vit dans l'Eternité.

C H A P I T R E XI.

Noms de ces 48. Martyrs tirez d'Eu-
sebe, & rapportez par S. Gregoire
de Tours, & par saint Adon Arche-
vesque de Vienne.
Témoignage du mesme S. Gregoire tou-
chant les Reliques de ces saints
Martyrs.

EVsebe declare dans son Histoire Ecclesiastique, qu'il avoit rapporté tout
au long cette Lettre des Eglises de Lyon &
de Vienne dans son Livre des Martyrs.

Ce qui ne laiſſe pas lieu de douter, que les noms de ces Martyrs n'y fuſſent exprimez , & nous en avons un témoignage aſſez manifeſte, en ce que S. Gregoire de Tours qui vivoit trois cens ans depuis Euſebe ſur la fin du 6. Siecle, eſtant mort en 596. & qui avoit leu ce Livre d'Euſebe des Martyrs, qui eſtoit alors public dans l'Egliſe, & qui s'eſt perdu depuis, rapporte les noms de ces 48. Martyrs, leſquels ſaint Adon Archevefque de Vienne, a inſerez dans ſon Martyrologe vers l'année 880. les ayant copiez de S. Gregoire. Il ſemble que ces noms ſacrez ayans eſté écrits dans le Ciel & dans le Livre de vie , avant que d'eſtre en ceux de l'Egliſe, il eſt juſte d'imiter le ſoin de ces deux Archeveſques en les rapportant l'un aprés l'autre. On les a diviſez en trois ordres & en trois rangs , ſelon la qualité de leur Martyre.

Ceux qui ſont morts par le feu & par l'effuſion de leur ſang furent, Vecte , Zacharie, Machaire, Alcibiade, Silve, Prime, Vlpe, Vital , Commine , Octobre, Philomine, & Gemine , tous hommes. Et les femmes eſtoient , Iulie , Albine , Grate, Rogate, Emilie, Poſthumienne, Pompeie,

Rhodane, Biblis, Quartie, Maternée, El-
pes, qu'on nommoit aussi Ammée.

Ceux qui furent exposez aux bestes furent, Sancte, Mature, Attale, Alexandre,
Pontique, hommes, & Blandine femme.

Et ceux qui aprés les tourmens rendirent l'esprit dans la prison furent, Areste,
ou Aristée, Photin, Corneille, Zotime, ou
Zosime, Tite, Eotique, Iule, Apollon,
Geminien, hommes.

Et de femmes, Iulie, Emilie, Iamnique
ou Iannique, Pompeie, Ausonie, Alom-
née ou Doamée, Iustée, Trisime ou Tro-
sime, & le B. Photin Evesque.

Le Iuge cruel & injuste, continuë S.
Gregoire, ordonna que ces Saints corps
seroient jettez dans le feu, & qu'aprés
qu'ils seroient brûlez, on répandroit les
cendres dans le Rhosne. Mais lors que
cette action avoit extraordinairement affligé les Chrétiens, croyans que leurs bien-
heureuses Reliques estoient perduës, ces
Martyrs apparurent la nuict à quelqu'un
d'eux au mesme lieu où l'on avoit brûlé
leurs corps, & estans tous entiers, ils se
tournerent vers eux, & leur dirent, Re-
cueillez nos Reliques que vous trouverez
au lieu mesme où a esté le feu, & sçachez

que nul de nous n'eſt pery. Car nous a-
vons eſté transferez au repos que Jᴇſvs-
Cʜʀɪsᴛ Roy des Cieux, pour le nom
duquel nous avons ſouffert, nous avoit
promis. Ces fideles raconterent cette viſion aux autres, & rendirent graces à
Dieu, en furent fortifiez dans la Foy, &
recueillant ces cendres ſaintes, edifierent
en leur honneur une Egliſe fort grande &
fort magnifique. Ils enſevelirent ces ga-
ges ſacrez ſous le Saint Autel, où ces
Ames firent voir par des miracles publics,
qu'ils habitoient avec Dieu. Le lieu de
leur Martyre s'appelloit Atnay, c'eſt pourquoy quelques-uns les appellent les Martyrs d'Atnay. Voila ce que dit S. Gregoire. S. Adon adjoûte en ſon Martyrologe,
que les habitans de la Ville de Lyon cele-
broient ſolemnellement cette Feſte ; que
tous ſe rendoient en foule par la deſcente
du Rhoſne, au lieu de leur Martyre : qu'ils
chantoient des Hymnes & des Cantiques :
qu'ils entendoient la Meſſe avec une ſainte joye en l'Egliſe des Apoſtres, où ces
bien-heureuſes cendres repoſent ; & que
ſelon la tradition de leurs peres, ils appelloient ce jour-là le jour des Miracles. On
a baſty depuis en ce lieu-là une celebre

Abbaye de Benedictins.

L'Eglise fait mention de ces saints Martyrs le 2. de Juin.

LA CONVERSION

ET LE MARTYRE

DE

Ste AFRE, Ste HILARIE, Ste DIGNE, Ste EVNOMIE ET Ste EVTROPIE.

Donné au public par Vvel-serus qui l'a tiré de plusieurs Manuscrits tres-anciens, & fait imprimer à Venise en 1591.

LA CONVERSION ET
le Martyre de sainte Afre, sainte
Hilarie, sainte Digne, sainte Eunomie, & sainte Eutropie.

*Donné au public par Vvelserus, qui
l'a tiré de plusieurs Manuscrits tres-
anciens, & fait imprimer à Venise
en 1591.*

CHAPITRE I.

*Le S. Evesque Narcisse fuyant la per-
secution, entre dans la maison d'Afre,
sans sçavoir que c'estoit une Courtisane. Son entretien avec elle. Ses persecuteurs l'y viennent chercher.*

Durant la fureur de la persecution que
l'Empereur Diocletian exerçoit con-

tre les Chrétiens, l'Evesque Narcisse ayant
esté contraint de s'enfuïr de son pays , il
entra avec son Diacre nommé Felix, dans
une maison de la ville d'Ausbourg en Sua-
ve, où demeuroit une Courtisane nommée Afre, sans qu'il sçeust qui y logeoit.
Comme elle crut qu'il venoit avec le mesme dessein qui en amenoit tant d'autres
chez elle , elle leur fit preparer à souper,
& avec trois filles qu'elle avoit avec elle,
disposa toutes choses pour les recevoir,ain-
si qu'elle avoit accoûtumé de recevoir
ses amans. Quand l'Evesque vint pour se
mettre à table , il fit la priere , & chanta
des Pseaumes. Afre fort surprise de cela,
parce qu'elle n'avoit jamais rien veu de
semblable, luy demanda qui il estoit. Et
lors qu'elle sçeut que c'estoit un Evesque
des Chrétiens, elle se jetta à ses pieds , &
» luy dit : Je suis tres-indigne, Monsei-
» gneur, de l'honneur que vous me fai-
» tes. Car il n'y a point dans toute cette
» ville une femme plus perduë que moy.
» Narcisse luy répondit : Quoy que No-
» stre Sauveur ait esté touché par une gran-
» de pecheresse, sa pureté n'a pû en estre
» souïllée , parce qu'il efface les taches de
» tout ce qu'il touche , & que rien n'est

capable de ternir l'éclat de sa charité ; de «
mesme que les rayons du Soleil, quoy «
qu'ils se répandent sur les choses les «
plus corrompuës & les plus sales, ne per- «
dent rien de leur pureté & de leur lu- «
miere. C'est pourquoy, ma fille, recevez «
la lumiere de la Foy, afin qu'estant pu- «
rifiée de tous vos pechez, vous puissiez «
profiter de ma venuë, & renoncer à l'a- «
mour profane des creatures, pour n'ai- «
mer plus que Dieu seul. Le nombre de «
mes pechez, luy repartit Afre, surpasse «
celuy de mes cheveux : & ainsi comment «
se pourra-t-il faire qu'ils me soient re- «
mis, que tant de taches soient effacées ? «
Croyez seulement, luy repliqua le saint «
Evesque, recevez-le Baptesme ; & ne «
doutez point de vostre salut. «

En suite de ces paroles, Afre appella
Digne, Eunomie, & Eutropie, qui estoiét
ses trois filles qui demeuroient avec elle,
& leur dit : Cét homme que vous avez «
veu entrer icy, est un Evesque des Chré- «
tiens, & il m'a dit, que si je croy en Je- «
svs-Christ & reçoy le Baptesme. «
tous mes pechez pourront m'estre par- «
donnez ; que vous en semble ? Elles luy «
répondirent : Vous estes nostre maistres- «

» se ; & si pour vous imiter & pour vous
» suivre nous nous sommes soüillées de
» tant de crimes, pourrions-nous ne vous
» pas imiter & ne vous pas suivre pour en
» obtenir le pardon ? Vous estes nostre te-
» ste ; & de quelque costé qu'aille la teste,
» les autres parties du corps ne sçauroient
» manquer d'y aller.

Le Soleil se coucha ; & alors le saint
Evesque commença avec son Diacre à
chanter des Hymnes en l'honneur de
Dieu, & puis en presence d'Afre & de
ses trois filles, passa toute la nuit en priere, & à reciter des Pseaumes Le lendemain matin des gens vinrent pour les
chercher ; & demanderent à Afre, où
estoient ceux qui estoient entrez chez
elle le jour precedent. Elle leur répon-
» dit : Ce sont de mes amis qui ont passé la
» nuict icy, & s'en sont allez au sacrifice.
Cela leur fit croire qu'ils estoient allez
au Capitole, ou bien dans quelqu'autre
temple. Ainsi ils se retirerent, à la reserve
de l'un d'entr'eux qui s'arresta, & dit à A-
» fre : Je sçay que ceux que nous cherchons
» entrerent icy hier au soir, & qu'ils sont
» Chrétiens. Car ils faisoient à toute heu-
» re sur leur front des signes de cette

Croix

Croix sur laquelle leur CHRIST a souffert «
la mort. S'ils estoient Chrétiens , repar- «
tit Afre , seroient-ils venus chercher «
une Courtisane telle que je suis? Il n'y «
a que ceux qui me ressemblent de qui je »
sois visitée. Il se retira sur cette répon- «
se, & la rapporta à ceux qui faisoient la
recherche de ces serviteurs de Dieu.

CHAPITRE II.

Afre raconte à Hilarie sa mere ce qui
s'est passé chez elle depuis que le
saint Evesque Narcisse y estoit ve-
nu ; & la prie de le cacher dans sa
maison.

AFre s'en alla en suite trouver sa
mere , nommée Hilarie, & luy dit:
Un Evesque des Chrétiens est entré dans «
ma maison, sans sçavoir qui y demeu- «
roit. Il a eu durant toute la nuit les «
mains élevées vers son Dieu, a recité «
certains Cantiques, & nous a fait prier «
avec luy. Environ l'heure que le coq «
commence à chanter, la chandelle s'est «

» éteinte,& j'ay fait inutilement tout ce
» que j'ay pû pour la rallumer. Surquoy
» le Diacre qui accompagne cét Evesque
» m'a dit : Ne vous amusez point à cher-
» cher une lumiere sujette à s'éteindre :
» vous en allez voir une autre qui ne s'é-
» teindra jamais. Aprés cela l'Evesque
» éleva sa voix , & dit : Venez, ma lumie-
» re, venez du Ciel : montrez vous à nous,
» & nous serons sauvez. A l'instant mes-
» me une clarté aussi brillante que le So-
» leil & que l'éclair qui precede le ton-
» nerre , décendit du Ciel ; & dura toû-
» jours, jusqu'à ce que l'aurore vint à pa-
» roistre. Quand cé saint Evesque eut fi-
» ny ses prieres , il nous ordonna de ré-
» pondre, *Amen* ; & puis cette lumiere
» diminua peu à peu , & enfin s'évanoüit.
» Je me jettay alors aux pieds de ce
» saint Euesque , & luy dis : Vous vous
» estes fait un extréme tort de venir
» chez moy : car je suis une femme peche-
» resse. Il me répondit : Je suis venu où
» mon Dieu m'a commandé de venir. En-
» viron les neuf heures du matin, des gens
» qui durant la nuit s'estoient mis en em-
» buscade pour prendre & tuer ces Chré-
» tiens quand ils sortiroient de chez moy,

voyant qu'ils n'estoient point sortis,
vinrent me demander où ils estoient.
Je les ay cachez sous du lin : mais je
crains qu'on ne foüille en ce lieu-là, &
qu'on ne les trouve : c'est pourquoy si
vous l'aviez agreable, je les ferois venir dans vostre maison. Car cét Evesque
m'a promis qu'il me feroit Chrétienne,
& que tous mes pechez me seront remis. Ces paroles remplirent de joye le
cœur d'Hilarie, & elle luy répondit :
Dieu veüille, ma fille, me faire la mesme grace. Je vous ameneray donc cette nuit ce bon Evesque, repartit Afre.
Oüy, luy répondit sa mere, & quand
mesme il ne le voudroit pas, conjurez-
le de venir.

CHAPITRE III.

Le saint Evesque se retire chez Hila-
rie. Elle luy raconte l'infame culte
que l'on rendoit à Venus : ce qui
fait pleurer le Saint.

LE soir estant arrivé , Afre mena le
saint Evesque Narcisse chez sa mere,
qui le receut avec tant de joye, que durant trois heures entieres elle luy embrassa
sans cesse les pieds, en luy disant :
» Je vous conjure, Monseigneur, de faire
» que je sois aussi purifiée de mes pe-
» chez. Il luy répondit : O que vostre
» foy vous rend heureuse, puisqu'avant
» que d'avoir entendu la parole de verité,
» vous avez receu dans le fond de vostre
» ame la verité mesme, qu'à peine les au-
» tres personnes connoissent aprés en
» avoir esté instruites! Ainsi comme vous
» estes toutes capables de comprendre la
» parole de Dieu, commencez dés aujour-
» d'huy à jeusner : continuez durant sept
» jours d'écouter cette divine parole; &

huitiéme jour vous serez purifiées de «
tous vos pechez. Si vous le trouvez bon, «
Monseigneur, luy repartit Hilarie, je «
vous diray quelle est nostre religion, & «
puis vous nous direz quelle est celle que «
nous devons embrasser. Il vous sera sans «
doute, répondit le saint Evesque, plus «
facile d'apprendre quel est le Dieu que «
vous devez adorer , quand vous m'au- «
rez fait entendre ce que vous avez ado- «
ré jusques icy. Dites-le-moy donc. Alors «
Hilarie luy parla en cette sorte : Mes «
parens sont originaires de l'Isle de Chy- «
pre, où l'on adore Venus ; & de là ils «
sont venus s'établir icy, estant instruits «
dans toutes les ceremonies du culte que «
l'on rend à cette Deesse. Or comme elle «
ne peut & ne veut estre reverée que par «
des femmes impudiques, & que je luy «
avois consacré ma fille, j'ay creu ne pou- «
voir mieux faire, qu'en luy permettant «
de s'abandonner à tout le monde. Ainsi «
je le luy ay permis , dans la creance «
qu'en la portant à imiter cette Deesse, «
elle nous seroit favorable; parceque nos «
Prestres nous asseurent, que plus une «
femme a d'amans, & plus elle plaist à «
Venus. Ces paroles firent jetter des soû-

» pirs & répandre des larmes à ce saint
» Prelat ; & il dit à son Diacre : Levez-
» vous, mon frere, afin que nous pleurions
» ensemble un culte si abominable , &
» prions Dieu de verser une abondance de
» grace où il y avoit une abondance de
» peché.

CHAPITRE IV.

Le Demon apparoist au saint Evesque
en presence de toutes ces femmes.
Entretien qu'il eut avec luy.

LOrs que ses prieres furent finies, un
demon leur apparut sous la forme
d'un Egyptien tout nud , plus noir
qu'un corbeau, & couvert d'une lepre
épouventable , Il mugissoit comme un
» taureau, & dit : Saint Evesque Narcis-
» se , qu'avez-vous à démesler avec moy ?
» Que pretendez-vous de ces femmes qui
» m'appartiennent , & dont j'ay toûjours
» esté le maistre ? Vostre Dieu ne veut que
» des ames pures , & des corps purs : ces
» ames impures & ces corps impurs sont
» à moy, & ne peuvent estre à un autre.

Je ne vas point où est la chasteté, & je «
ne trouve point de place où regne l'es- «
prit de pureté. Pourquoy donc estes- »
vous entré icy où les corps sont tous «
souïllez, & où les ames ne le sont pas «
moins? Le saint Evesque luy répondit: «
Esprit impur, je te commande de ré- «
pondre à ce que je vas te demander. «
Dis-moy, mal-heureux, sçais-tu que «
Jesvs-Christ de Nazareth No- «
stre Seigneur a esté pris, flagellé, cou- «
vert de crachats, couronné d'épines, «
mocqué, lié, abbreuvé de fiel & de vinai- «
gre, & crucifié? Sçais-tu qu'il est mort, «
qu'il a esté ensevely, & qu'il est ressusci- «
té le troisiéme jour? Dis si tout cela «
n'est pas veritable. Je souhaiterois, re- «
pliqua le demon, qu'il me fust permis «
de l'ignorer. Car depuis qu'il a esté cru- «
cifié, nostre Prince a esté contraint de «
s'enfuïr devant luy, parce qu'il n'a pû «
resister à sa force toute puissante. Les «
pierres se sont fenduës, les sepulchres «
se sont ouverts, les corps des Saints en «
sont sortis, lors que celuy que nous re- «
connoissons pour nostre Monarque a «
esté enchaisné par luy. Comment s'ap- «
pelle-t-il, repartit l'Evesque? Il se nom- «

» me Sathan, répondit le demon, ce qui
» signifie le commencement de la mort.
» Quel peché, ajoûta l'Evefque, avoit
» commis JESVS-CHRIST pour fouf-
» frir de fi grands tourmens ? Il n'a jamais
» peché, repliqua le demon. Et pourquoy
» donc, repartit l'Evefque, a-t-il tant fouf-
» fert ? Ce n'eft pas, répondit le demon,
» pour fes pechez qu'il a fouffert, mais
» pour ceux des hommes. Efprit impur,
» luy dit l'Evefque, je te condamne par
» ta propre bouche. Car fçachant comme
» tu le fçais, que ce n'eft pas pour fes pe-
» chez, mais pour ceux des autres que Jz-
» svs-CHRIST a donné fa vie, il faut
» que tu quittes ces femmes, puis qu'il a
» fouffert pour elles, qu'elles ont embraf-
» fé fa foy, & qu'elles ont recours à fa
» grace. Les loix, répondit le demon, dé-
» fendent de prendre le bien d'autruy. Et
» pourquoy donc vous qui eftes fi faint
» voulez-vous m'ofter ce qui m'appar-
a tient, en me raviffant les ames que j'ay
» conquifes ? L'Evefque repartit : Voleur
» que tu és, condamné dés le commence-
» ment du monde, & endurcy dans le mal,
2 je ne fais que rendre à Dieu ce qui eft à
» luy, en remettant entre fes mains com-

me à leur Createur, ces ames qu'il a «
creées, & que tu luy avois dérobées. «
Je suis aussi l'une de ses creatures, ré- «
pondit le demon, rendez moy donc aus- «
si à mon Createur. Tu as confessé, re- «
partit l'Evesque, que c'est pour les pe- «
chez des hommes que JESVS-CHRIST «
a souffert : que s'il avoit souffert aussi «
pour les crimes des demons, je te ren- «
drois à ton Createur. Mais puis qu'il n'a «
enduré que pour les hommes, & afin «
de vaincre & d'enchaisner ton malheu- «
reux Prince, c'est à luy que tu te dois «
adresser. Ne me traittez pas si rude- «
ment, repartit le demon, donnez moy «
au moins une ame dont je puisse faire «
ce que je voudray. Si je te la donnois, «
répondit l'Evesque, qu'en ferois-tu ? Je «
la tuërois, repliqua le demon ; & y pren- «
drois vn fort grand plaisir. Demain à la «
pointe du jour, repartit l'Evesque, je te «
donneray ce pouvoir que tu demandes. «
Le demon ajoûta : Dites-moy devant «
Dieu, que ce sera sur une ame enfermée «
dans un corps que vous me donnerez ce «
pouvoir. Oüy je te promets devant «
Dieu, repliqua l'Evesque, que je te «
donneray ce pouvoir sur une ame en- «

K v

» fermée dans un corps vivant, qui man-
» gera, boira, dormira, & veillera. Com-
» mandez-moy, dit en suite le demon, de
» demeurer icy cette nuit. Si tu peux y
» demeurer, répondit l'Evesque, demeu-
» res y. Je le puis, repartit le demon,
» pourveu que vous n'éleviez point vos
» mains vers le Ciel, & ne chantiez point
» des Hymnes à la loüange de vostre Dieu.
» Esprit impur, luy dit l'Evesque, sois
» malheureux pour jamais. Je te declare
» que toutes ces femmes que tu vois, &
» moy, fléchirons les genoux durant tou-
» te la nuit devant nostre Dieu, & chan-
» terons ses loüanges. Sur cela le demon
» jetta des hurlemens épouventables, &
» disparut.

CHAPITRE V.

Le demon revient le lendemain trou-
ver le Saint, qui le trompe, & le
rend confus. S. Narciſſe baptiſe Hi-
larie, Afre, & quelques autres, puis
s'en va en Eſpagne, où il ſouffre le
Martyre.

Hilarie, Afre, & ſes trois autres filles demeurerent étrangement ef-
frayées de ce qu'elles avoient veu &
entendu : mais le ſaint Eveſque les raſ-
ſeura, & en ſuite de leur jeuſne les
obligea de manger. Quant à luy, dautant qu'il avoit encore à combattre le
lendemain contre le demon, il ne mangea point, ny ſon Diacre non plus.

Ils paſſerent toute la nuit ſuivante à «
prier & à reciter des Pſeaumes, & le de- «
mon ne manqua pas de revenir dés le «
point du jour. Il dit au ſaint Eveſque : «
Souvenez-vous du ſerment que vous «
m'avez fait en la preſence de voſtre «
Dieu ; & pour l'executer, donnez-moy «

x vj

„ une ame qui anime un corps, afin que
„ je tuë le corps, & que je demeure mai-
" ſtre de l'ame. Jure-moy donc en la pre-
„ ſence de mon Dieu, répondit l'Eveſque,
„ que tu tuëras à l'inſtant meſme celuy
„ que je mettray en ta puiſſance ; & ſi tu
„ y manque, je prie Dieu qu'il te preci-
„ pite dans l'abyſme. Le demon dit auſſi-
„ toſt : Je jure par celuy qui nous a vain-
„ cus avec noſtre Prince, que je tuëray à
„ l'heure meſme ce corps que tu ſoûmet-
„ tras à ma puiſſance. Vas donc, repar-
„ tit l'Eveſque, à la ſource du fleuve qui
„ ſort des Alpes Juliennes, dont il n'y a
„ ny hommes, ny beſtes qui y puiſſent
„ boire, à cauſe d'un dragon qui y demeu-
„ re, & de qui le ſouffle tuë tout ce qui
„ veut s'en approcher. Oſte la vie à ce
„ cruel animal, & fais aprés cela de ſon
„ ame ce que tu voudras. Alors le demon
„ s'écria : Eveſque fourbe & menteur, qui
„ m'avez obligé par ſerment, ou à don-
„ ner la mort à mon amy, ou à m'en al-
„ ler dans l'abyſme. Il fut neanmoins contraint d'obeïr. Ainſi il tua le dragon, &
cette ſource demeura libre pour l'vſage
de tout le monde.

Aprés que Narciſſe eut durant plusieurs jours instruit Hilarie, Afre, Digne, Eutropie, & Eunomie de la parole de Dieu, il les baptisa toutes, comme aussi quelques-uns de leurs proches, & de leurs amis. Puis il fit de la maison d'Hilarie une Eglise, & donna l'ordre de Prestrise à Denis son frere.

Lors qu'il eut ainsi pourveu à toutes choses, il partit au bout de neuf mois, & s'en alla à Girone en Espagne, où il passa trois années, durant lesquelles il convertit à Dieu quantité de peuple, & remporta enfin, avec son Diacre Felix, la Couronne du Martyre.

CHAPITRE VI.

Sainte Afre est arrestée prisonniere & presentée au Iuge comme Chrétienne. Sa constance, & ses réponses admirables qu'elle luy fait.

LA persecution contre les Chrétiens continuoit toûjours dans Ausbourg, & on exerçoit sur eux divers tourmens pour les contraindre à sacrifier aux Idoles.

Les executeurs de cette cruauté prirent
Afre, laquelle chacun fçavoit estre une
Courtisane publique. On la presenta au
„ Juge. Il l'interrogea ; & aprés avoir ap-
„ pris de sa bouche qui elle estoit , il luy
„ dit : Sacrifiez aux Dieux , puisqu'il vous
„ est plus avantageux de conserver vostre
„ vie, que de vous exposer à la perdre au
„ milieu des tourmens. Elle répondit : Les
„ pechez que j'ay commis dans l'ignoran-
„ ce où j'estois de Dieu, me doivent suffi-
„ re ; & ainsi je n'ay garde d'obeïr jamais
„ à ce que vous me commandez. Appro-
„ chez vous du Capitole , repartit le Ju-
„ ge, & sacrifiez. Mon Capitole, repliqua
„ Afre, est JESVS-CHRIST , lequel j'ay
„ toûjours devant les yeux : Je luy con-
„ fesse chaque jour mes crimes. Et parce
„ que je suis indigne de luy offrir des Sa-
„ crifices , je desire de me sacrifier moy-
„ mesme pour la confession de son nom,
„ afin que mon corps dans lequel je l'ay
„ offensé , soit purifié de ses taches par
„ les peines qu'il endurera. A ce que je
„ voy , répondit le Juge, vous estes une
„ Courtisane, & ainsi bien éloignée de la
„ pureté du Dieu des Chrétiens : c'est
„ pourquoy vous devez sacrifier à nos

Dieux. JESVS-CHRIST mon Sei- «
gneur, repartit Afre, a dit qu'il eſt deſ- «
cendu du Ciel pour les pecheurs : ſon «
Evangile témoigne qu'une femme pe- «
chereſſe aprés avoir lavé ſes pieds de «
ſes larmes, a obtenu le pardon de toutes «
ſes fautes ; & que non ſeulement il n'a «
pas mépriſé les Courtiſanes & les Pu- «
blicains, mais qu'il leur a meſme per- «
mis de ſe ſeoir & de manger à ſa table. «
Sacrifiez, repliqua le Iuge, afin que vos «
amans continuënt de vous aimer , & «
qu'ils vous enrichiſſent de leurs pre- «
ſens. Je renonce pour jamais, répondit «
Afre, à ces gains abominables. J'ay re- «
jetté comme de la fange ceux que j'a- «
vois ſi mal heureuſement acquis ; parce «
que je ne pouvois les garder en con- «
ſcience ; & j'ay contraint par mes prie- «
res quelques-uns de mes amis,qui quoi- «
que pauvres, n'en vouloient point, de «
me faire ce plaiſir de les recevoir de «
moy, & de demander à Dieu le pardon «
de mes pechez. Comment donc aprés «
avoir renoncé à ce que j'avois, pour- «
rois-je en deſirer encore davantage ? «
C'eſt en vain , repliqua le Juge, que «
vous voulez avoir JESVS-CHRIST «

» pour voftre Dieu ; puis qu’il eft fi éloi-
» gné de vous reconnoiftre pour fienne, &
» de vous croire digne de luy. Car une
» Courtifane ne fçauroit paffer pour Chré-
» tienne. Il eft vray, repartit Afre, que je
» ne merite pas de porter ce nom : mais la
» mifericorde de Dieu eft fi grande, que
» fans confiderer mon indignité, fa bonté
— me permet de le porter. Comment fça-
» vez-vous qu’il vous le permet, répondit
» le Juge ? Je connois, repliqua Afre,
« qu’il ne m’a pas rejettée de fa prefence,
» puis qu’il me fait la grace de m’admet-
» tre à la glorieufe confeffion de fon faint
» Nom, par laquelle j’efpere de recevoir
» le pardon de tous mes crimes. Tout ce
» que vous dites, repartit le Juge, n’eft
» que fable : mais facrifiez plutoft aux
» Dieux, qui font les feuls de qui vous
» pouvez attendre voftre falut. Mon fa-
» lut, répondit Afre, eft Jesvs Christ,
» qui lors qu’il eftoit attaché à la Croix,
» promit le Paradis à un voleur qui re-
» connut fa divinité & fon innocence. Sa-
» crifiez, dit le Juge, fi vous ne voulez que
» je vous faffe dépoüiller & meurtrir de
» coups en prefence de tous vos amans. Il
» n’y a que mes pechez, repartit Afre, qui

puissent me couvrir de confusion. Sacri- «
fiez aux Dieux, repliqua le Juge: j'ay «
honte d'employer tant de temps à dispu- «
ter avec vous; & je vous feray mourir «
si vous resistez davantage. C'est tout ce «
que je souhaite, répondit Afre, & ma «
seule crainte est de n'estre pas digne de «
donner ma vie pour la confession de cet- «
te Foy qui peut me faire vivre eternel- «
lement. Sacrifiez, repliqua le Juge, ou «
je vous feray tourmenter, & puis brû- «
ler toute vive. Il est juste, repliqua Afre, «
que ce corps par lequel j'ay tant offen- «
sé mon Dieu, soit puny par toutes sor- «
tes de supplices : mais quant à mon «
ame, je ne la soüilleray point en sacri- «
fiant aux demons. «

CHAPITRE VII.

Martyre de sainte Afre.

LE Juge aprés avoir interrogé en
cette sorte la Sainte, prononça cette
Sentence : Afre la Courtisane publique, «
ayant declaré hautement qu'elle est «
Chrétienne, & refusé de sacrifier aux «

» Dieux, nous ordonnons qu'elle sera brû-
» lée toute vive.

　　Auſſi-toſt les Bourreaux l'enleverent
de ce lieu, & la menerent dans une Iſle
de la riviere du Lec, où ils la dépoüillerent, & la lierent à un tronc d'arbre. En
cét eſtat elle éleva les yeux vers le Ciel,
& en répandant beaucoup de larmes, fit
» cette priere : O Dieu tout-puiſſant Je-
» svs-Christ mon Seigneur, qui n'e-
» ſtes pas venu dans le monde pour les
» juſtes, mais pour porter les pecheurs à
» embraſſer la penitence : vous de qui les
» promeſſes ſont inviolables, & qui avez
» dit, qu'auſſi toſt que le pecheur renon-
» cera à ſon peché, vous en perdrez le ſou-
» venir ; recevez, s'il vous plaiſt, pour l'ex-
» piation de mes crimes, les tourmens que
» je vas ſouffrir, & agréez par voſtre bon-
» té que ce feu temporel qui conſumera
» mon corps, me delivre du feu eternel
» qui brûle les ames avec les corps.

　　Aprés qu'elle eut achevé ces paroles,
on arrangea tout à l'entour d'elle quantité de bois, on y mit le feu ; & on entendit du milieu des flammes cette ſainte
» Penitente proferer ces mots : O mon
» Seigneur Jesvs-Christ, je vous

rends graces de la faveur que vous dai- «
gnez me faire aujourd'huy de me rece- «
voir comme une hostie qui vous est of- «
ferte pour la confession de vostre nom, «
vous qui avez esté cette unique hostie «
offerte sur la Croix, pour le salut de tout «
le monde. Je vous offre ce sacrifice que «
je vous fais de moy mesme; à vous qui «
estant le vray Dieu, vivez & regnez «
eternellement avec vostre Pere, & le «
S. Esprit. En achevant ces paroles, cette
sainte femme expira l'année 300.

CHAPITRE VIII.

Martyre de sainte Hilarie, sainte Digne, sainte Eunomie, & sainte Eutropie.

LOrs que cette grande Sainte cueil-
loit ainsi la glorieuse palme du Martyre, Digne, Eunomie, & Eutropie qui
avoient esté les compagnes de ses crimes, & avoient receu avec elle le sacré
Baptesme par les mains du saint Evesque Narcisse, estoient sur le bord de la

riviere. Elles prierent qu'on les fist paſſer dans l'Iſle où l'on avoit fait mourir
leur maiſtreſſe : & lors qu'elles y furent
arrivées , elles trouverent le corps de la
Sainte encore tout entier. Vn ſerviteur
qui les accompagnoit repaſſa en ſuite
la riviere, & rapporta à Hilarie ce qu'il
avoit veu. Elle vint la nuit avec des Preſtres, prit le corps de ſa bien-heureuſe
fille, & le mit dans un ſepulchre qu'elle
avoit fait baſtir pour elle, & pour tous
les ſiens, à deux milles de la ville d'Auſ-
,, bourg. Le Juge l'ayant appris , il y en-
,, voya, & dit à ceux qu'il chargea de cet-
,, te commiſſion : Allez, arreſtez ces fem-
,, mes ; & ſi elles veulent bien ſacrifier,
,, amenez-les-moy avec honneur , & je
,, les recompenſeray. Que ſi elles s'opi-
,, niaſtrent à ne vouloir point ſacrifier,
,, rempliſſez le ſepulchre de menu bois &
,, d'épines ſeiches ; mettez-y le feu, & fer-
,, mez la porte, afin que nulle d'elles n'en
puiſſe échaper. En ſuite de ce commandement ces ſoldats firent tout ce qu'ils
purent, premierement par douceur, &
puis par menaces, pour porter Hilarie &
les autres à ſacrifier. Mais les voyant
reſoluës à n'en rien faire , ils remplirent

le sepulchre de sarment & d'épines sei-
ches, y mirent le feu, & s'en allerent. Ainsi le mesme jour que sainte Afre fut mise
en terre, Hilarie sa mere, & Digne, Eunomie, & Eutropie, qui aprés avoir esté ses
servantes, estoient devenuës ses sœurs en
Jesvs-Chr ist, receurent toutes ensemble la Couronne du Martyre,

LA VIE

DE

S. MARCEL

EVESQVE DE PARIS.

ECRITE

PAR FORTVNAT

EVESQVE DE POITIERS.

Et rapportée par Surius au premier jour de Novembre.

LA VIE

DE

S. MARCEL

EVESQVE DE PARIS.

ECRITE

PAR FORTVNAT

EVESQVE DE POITIERS.

Et rapportée par Surius au premier jour de Novembre.

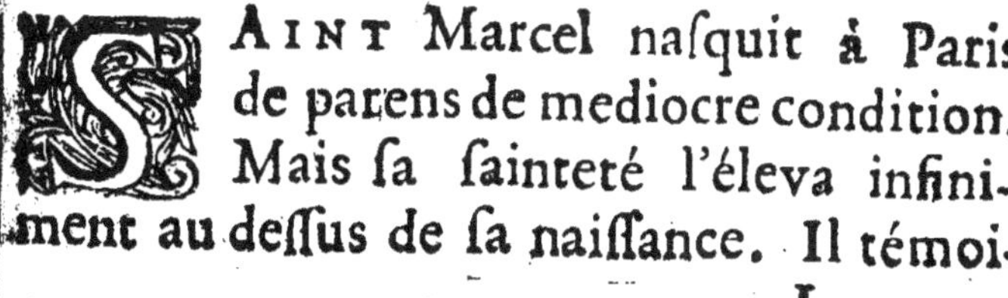

SAINT Marcel nasquit à Paris de parens de mediocre condition. Mais sa sainteté l'éleva infiniment au dessus de sa naissance. Il témoi-

L

gna dés son enfance une telle maturité d'esprit, & une si grande pureté dans ses mœurs, que quoiqu'engagé dans les liens du corps, il sembloit n'avoir point de corps. Ainsi on pouvoit dire de luy, qu'avant mesme que d'avoir receu la Tonsure, il estoit déja digne d'estre Prestre. On le fit Lecteur, & il exerça cét office avec tant de perfection, que les graces si extraordinaires que Dieu avoit répanduës dans son ame ne pouvant estre plus longtemps cachées sous le voile de cette humble fonction, elle éclata par un signalé miracle. Car ayant esté obligé d'aller dans une forge, le maistre pour se mocquer de luy, luy dit de tirer du fourneau une masse de fer toute rouge, & de luy dire combien elle pesoit. Surquoy Dieu le remplit d'une telle confiance, qu'il prit avec sa main cette masse ardante, & dit qu'elle pesoit neuf livres : ce qui se trouva estre vray, & fit voir que le feu ne pouvoit agir contre celuy qui avoit éteint dans son cœur le feu de la concupiscence.

Il fut ensuite fait Soûdiacre : & le jour de l'Epiphanie aprés avoir puisé de l'eau dans la Seyne, il en donna à Saint Prudence son Evesque pour laver ses mains,

Elle se convertit en vin : ce qui ayant étonné ce saint Prelat, il commanda de verser dans le Calice de ce vin miraculeux, & en donna à tout le peuple dans la sainte Communion, aprés laquelle le Calice demeura plein comme auparavant: & plusieurs malades furent gueris avec ce mesme vin.

Une autre fois comme ce saint Soudiacre donnoit aussi à laver les mains à ce saint Evesque, l'eau se convertit en une liqueur semblable à du baume : & il eut besoin d'une autre eau pour les luy laver : ce qui augmenta encore la veneration qu'il avoit déja pour luy.

Aprés la mort de ce bien-heureux Prelat, saint Marcel fut choisi pour remplir sa place, dont tant de vertus le rendoit si digne. Et quelque temps aprés une femme ayant violé durant sa vie la chasteté conjugale, on voyoit un serpent horrible entrer & sortir du lieu où elle estoit enterrée. Chacun en fut effrayé : & le saint Evesque l'ayant sçeu, il sortit de Paris fort accompagné: & leur commanda à tous de s'arrester assez loin du tombeau, puis y alla seul, mais armé d'une parfaite confiance en Dieu, & attendit le serpent,

L ij

qui au fortir de la foreft vint droit à luy.
Le Saint fit fa priere, & le ferpent baiſſa
la tefte, & fembloit le vouloir flatter de
fa queuë comme pour luy demander pardon. Cét admirable Pontife de JESVS-
CHRIST le frappa trois fois de fon ba_
fton, puis luy mit fon étole à l'entour du
col, & le tira fans peine aprés luy durant
plus d'une lieuë, à la veuë & fuivy de
tout ce peuple, qui confideroit ce triomphe avec étonnement, & ne pouvoit fe
laffer d'en rendre graces à Dieu. Le Saint
commanda à ce dangereux animal de
rentrer dans le fond du bois pour n'en plus
fortir, & on ne l'a jamais veu depuis. Il a
fait infinis autres miracles : mais je n'ay
voulu rapporter que ceux qui ont efté
veus de tout le monde : & tant de graces
extraordinaires qu'il a receuës de Dieu, le
font maintenant regner avec luy dans une
eternelle gloire. Il mourut environ l'an
320.

LA VIE DE SAINTE GENEVIEVE.

Tirée de plusieurs manuscrits tres-anciens.

Et rapportée par Surius au troisiéme Ianvier.

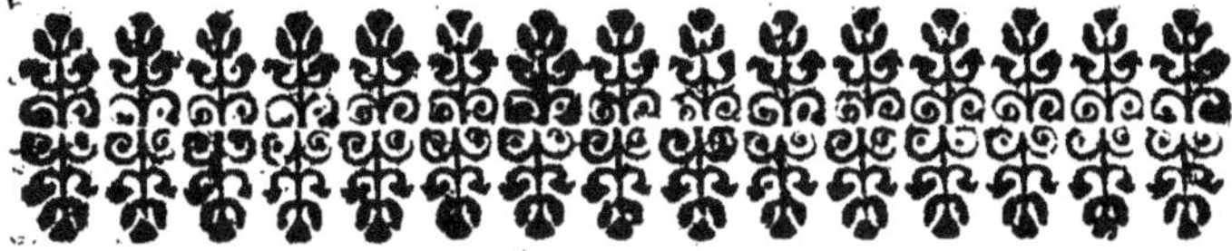

LA VIE
DE SAINTE
GENEVIEVE.

Tirée de plusieurs manuscrits
tres-anciens.

*Et rapportée par Surius au troisiéme
Ianvier.*

ETTE grande Sainte estoit du
Bourg de Nanterre à deux lieuës
de Paris. Son pere se nommoit
Severe, & sa mere Geronte. On a veu
dans la vie de S. Germain Evesque d'Auxerre, que lors qu'il alloit en Angleterre
pour combattre l'heresie des Pelagiens,
Dieu luy auoit fait connoistre en passant
à Nanterre, la sainteté de Genevieve, qui
estoit encore fort jeune : qu'elle avoit pro-

L iiij

mis entre ses mains de se consacrer entierement au service de Dieu ; & qu'il l'avoit obligée à porter toute sa vie sur elle une piece de monnoye de cuivre sur laquelle estoit gravée une Croix, pour marque qu'elle renonçoit entierement au monde.

Quelque temps aprés, Geronte sa mere allant le jour d'une grande feste de tres-grand matin à l'Eglise, elle luy commanda de demeurer au lict pour dormir. A quoy ne se pouvant resoudre, tant elle avoit de ferveur pour le service divin, elle se mit à pleurer. Sa mere s'en fascha si fort, qu'elle luy donna un soufflet, & à l'heure mesme elle devint aveugle. Mais au bout de deux ans elle se souvint de ce que S. Germain luy avoit dit des graces dont Dieu favorisoit sa fille. Elle l'appella & luy commanda d'aller tirer de l'eau au puits, & de la luy apporter. Elle y courut, & en apporta ; puis par le commandement de sa mere, luy en mit trois fois sur les yeux, & y fit le signe de la Croix, & aussi-tost elle recouvra la veuë.

Cette sainte fille aprés la mort de ses parens alla demeurer à Paris par l'avis d'une personne qui luy tenoit lieu de mere,

& y fut malade d'une tres-grande para-
lyſie.

Saint Germain retournant d'Angleterre paſſa par Paris, où comme il a eſté rapporté dans ſa vie, il s'enquit avec ſoin
de cette grande ſervante de Dieu, la fut
voir ; & ayant ſçeu qu'il n'y avoit point
d'outrages & de calomnies dont les envieux que le Diable avoit ſuſcitez contr'elle, ne ſe fuſſent ſervis pour la perdre de repuration, il preſcha, & fit connoiſtre à tout le peuple, quelle eſtoit non
ſeulement ſon innocence, mais ſa ſainteté.

Quelque temps aprés Attila Roy des
Huns entra en France, y fit d'étranges ra-
vages, & y exerça de tres-grandes cruautez. La frayeur qu'en eurent les habitans
de Paris, les fit reſoudre à l'abandonner
pour aller chercher ailleurs leur ſeureté.
Mais la Sainte les exhorta fortement à
ne le point faire, & d'avoir plutoſt recours à Dieu par leurs jeuſnes & leurs
prieres, & les aſſeura que s'ils mettoient
en luy leur confiance, il les preſerveroit
de ce peril, & qu'ils verroient au contraire les lieux où ils ſe perſuadoient de pouvoir trouver leur ſeureté, expoſez à la

fureur de ces Barbares. On la crut, & ce qu'elle avoit predit arriva. Mais quelques-uns furent poussez d'une telle rage contr'elle, qu'ils avoient resolu de la lapider, ou de la noyer, lors qu'un Archidiacre d'Auxerre survint avec des presens que S. Germain luy envoyoit; leur dit l'estime toute extraordinaire que cét admirable Prelat avoit pour elle, & qu'il ne doutoit point que les prieres de cette excellente Vierge ne fissent à l'égard des Huns, ce que celles de S. Martin avoient fait autrefois, lors qu'on l'avoit exposé à la teste de l'armée, & celles de S. Agnan Evesque d'Orleans, lors que ces mesmes peuples avoient assiegé sa ville Episcopale, & estoient prests de la forcer.

Depuis l'âge de 15. ans jusques à 50. cette grande Sainte ne mangeoit que deux fois la semaine, sçavoir le Ieudy & le Dimanche, seulement du pain d'orge, & des féves cuites. Depuis l'âge de 50. ans elle mangea par l'ordre des Evesques du poisson & du laict, mais rarement & fort peu; & elle ne but jamais que de l'eau. Elle ne prioit gueres sans répandre des larmes. Et elle eut toûjours pour fideles compagnes la Foy, l'Esperance, la Charité, la Magna-

nimité, la Patience, la Simplicité, la Douceur, l'Innocence, la Verité, l'Obeïssance,
la Chasteté & l'Humilité.

Elle passoit ordinairement en de continuelles prieres & sans fermer l'œil la nuit
du Samedy au Dimanche. Et comme elle
alloit un jour de tres-grand matin avec
d'autres Vierges dans une Eglise de saint
Denis, le vent éteignit le cierge dont elles
se servoient pour se conduire. Ce qui ayant
mis ces filles en grande peine, acause que
la nuit estoit si noire, qu'elles ne sçavoient
où mettre les pieds, la Sainte prit le cierge qui se ralluma à l'instant mesme, & le
porta jusques à l'Eglise, sans que le vent,
quelque grand qu'il fust, le pust éteindre:
Et aussi-tost qu'elle y fut arrivée, le mesme feu qui l'avoit allumée le consuma.

La Sainte estant allée à Laon, tout le
peuple vint au devant d'elle, & les parens
d'une fille paralytique depuis plusieurs
années, la conjurerent de l'aller voir : elle
y fut, fit sa priere, & Dieu l'eut si agreable, que cette fille se leva à l'heure mesme, s'habilla, & la suivit à l'Eglise pour
aller rendre graces à Dieu du recouvre-
ment de sa santé.

Quoique le Roy Childeric qui regnoit

alors en France, ne fuſt pas Chrétien,
il avoit un tel reſpect pour cette grande Sainte, qu'ayant reſolu de faire mourir quelques criminels, il ſortit de la
Ville, & commanda d'en fermer les portes, de crainte qu'elle ne le preſſaſt de leur
pardonner. Lors qu'elle le ſçeut, elle courut pour ſortir : & ces portes ſi bien fermées s'ouvrirent avec un étonnement
étrange de ceux qui les gardoient. Ainſi elle fut trouver le Roy, & quelqu'irrité qu'il
fuſt, il ne put luy refuſer la grace qu'elle
luy demanda pour ces miſerables.

Saint Simeon Stylite, ce Saint ſi celebre,
qui demeura prés de quarante ans ſur une
colomne proche d'Antioche en Orient,
avoit une telle eſtime de cette Vierge,
dont Dieu luy avoit fait connoiſtre l'eminente ſainteté, qu'il ſe recommandoit
avec grand ſoin à ſes prieres par des Mar-
chands qui venoient d'Aſie en France.

On preſenta dans Paris à cette ſervante
de Dieu douze poſſedez, à qui les demons
faiſoient ſouffrir en preſence de tout le
monde, des tourmens épouventables. On
les voyoit élevez en l'air, tantoſt les pieds
en haut & la teſte en bas, tantoſt ayant
tout le corps raſſemblé comme en pelo-

ton ; & les demons jettoient par eux de grands cris, & se plaignoient de ce qu'ils estoient persecutez par les prieres de la Sainte. Elle leur commanda d'aller en l'Eglise de S. Denis, & ils répondirent ne le pouvoir, si elle ne leur en donnoit la permission. Alors elle fit le signe de la Croix, & ils y allerent si viste, qu'elle ne put y arriver que deux heures aprés. Elle se prosterna en terre selon sa coûtume, implora l'assistance de ce glorieux Martyr, accompagna sa priere de ses larmes, & par son entiere confiance en la misericorde de Dieu, chassa tous ces esprits malheureux des corps de ces possedez, d'où ils sortirent avec des hurlemens horribles, & une tres-grande puanteur, qui fut la marque de leur retraite.

Dieu luy avoit accordé le don de connoistre les pensées secrettes des hommes, quelque soin qu'ils prissent de les cacher, & elle confondoit leur impudence en reprenant quelques-uns d'eux publiquement.

Une femme qu'elle avoit autrefois delivrée du malin esprit, & qui demeuroit avec elle, avoit un fils âgé de quatre ans. Cét enfant en se joüant tomba dans un

puits. Sa mere ne s'en eſtant apperceuë
qu'au bout de trois heures, l'en retira
mort, & le jetta aux pieds de la Sainte.
Elle le prit, & ne ceſſa point de prier
Dieu & de pleurer en ſa preſence, juſques
à ce que ſa foy jointe à ſon oraiſon, euſt
triomphé de la mort, & rendu l'enfant vivant à ſa mere.

Depuis le jour de l'Epiphanie, ju'ques
au Jeudy Saint, la Sainte ne ſortoit point
de ſa cellule, & paſſoit tout ce temps en
veilles & en prieres. Une femme eut la curioſité de voir ce qu'elle y faiſoit, & Dieu
l'en chaſtia; elle perdit la veuë, & ne la
recouvra qu'aprés que la Sainte au ſortir
de ſa retraite eut prié pour elle.

Paris eſtant affligé d'une tres-grande
famine enſuite de la guerre & d'un long
ſiege qu'il avoit ſouffer. La Sainte pour
leur procurer du ſoulagement, ſe fit accompagner d'un Preſtre nomme Boſſe, & de
quelques autres, & prit des batteaux pour
leur aller chercher des vivres. Il ſe rencontra en un endroit de la riviere un fort
grand arbre qui en empeſchoit le paſſage.
Comme on deliberoit de ce qu'on devoit
faire, elle deſcendit à terre, eut recours à
Dieu, ſe mit en priere, & dans un mo-

ment l'arbre se détacha de ses racines, & laissa le passage libre. Elle guerit dans ce voyage la femme d'un nommé Passius qui estoit paralytique, & fit tant d'autres miracles, que chacun venant à elle de tous costez, elle fit charger unze batteaux de toutes sortes de provisions, & Dieu secourut ainsi Paris par son assistance.

La Sainte allant à Tours visiter le tombeau de saint Martin, elle passa par Orleans. Une femme nómée Fraterne, dont la fille nomméeClaude estoit preste d'expirer, ne l'eut pas plutost appris, qu'elle l'alla trouver dans l'Eglise de S. Agnan, & la conjura d'aller voir sa fille. Elle luy répondit : Cessez de vous affliger, Dieu a « eu compassion de vous , & cette vio- « lente fievre qui la devoroit est mainte- « nant tout a fait cessée. Fraterne la me- « na à son logis, & sa fille rétablie dans une parfaite santé les vint recevoir à la porte. Ce que le peuple ayant veu, cha-cun rendoit à l'envy des actions de gra-ces à Dieu.

En la mesme Ville un Serviteur que son maistre vouloit maltraiter, ayant eu recours à la Sainte, elle le pria de luy pardonner, & ne le put obtenir. Si vous «

» rejettez ma priere, luy dit-elle alors,
» JESVS-CHRIST mon Seigneur ne la
» rejettera pas. Aussi-tost une fievre tres-ardente le prit. Il se sentoit brûler comme dans un feu ; & se voyant en cét estat il se jetta aux pieds de la Sainte, & luy demanda pardon. Elle le luy accorda fort volontiers, & delivra ainsi en mesme temps le maistre d'une maladie mortelle, & le serviteur du chastiment qu'il apprehendoit.

De là elle poursuivit son voyage jusques à Tours au Tombeau de S. Martin; delivra en cette Ville-là plusieurs possedez, fit à son retour à Paris quantité d'autres miracles, & y mourut estant âgée de plus de quatre-vingts ans.

Le grand & illustre Roy Clovis avoit tant d'affection & de respect pour cette admirable & illustre Sainte, qu'il accorda souvent à sa priere, la grace à plusieurs criminels, & commença de faire bastir en sa consideration une grande Eglise, que la sainte Reyne Clotilde sa femme fit achever aprés sa mort, arriuée environ l'an 509.

LA VIE
DES. GOAR
PRESTRE.

Ecrite par Vandelbert Diacre, &
Religieux du Monastere
de Prume ;

Et rapportée par Surius au
6. jour de Iuillet.

LA VIE
DE S. GOAR
PRESTRE.

Ecrite par Vandelbert Diacre, &
Religieux du Monrstere
de Prume ;

Et rapportée par Surius au
6. jour de Iuillet.

 AINT GOAR tiroit son ori-
gine d'une race illustre dans la
Province de Guyenne en France.
Son pere se nommoit Georges, & sa mere
Valerie. Il nasquit sous le Regne du Roy
Childebert, descendu du grand & fameux
Clovis, & mourut sous celuy du Roy Si-
gebert III. qui tenoit à Metz le siege

de son Empire. Il n'y ayoit rien que d'excellent & de noble dans ce grand serviteur de Dieu. Son visage estoit plein de majesté, son regard agreable, son esprit humble, son corps chaste, sa foy pure, & toutes ses actions admirables. Ses inclinations estoient si bonnes, qu'il ne s'occupa dés son son enfance qu'à des œuvres de pieté : ce qui l'éleva bien tost à ce haut degré de perfection qui luy faisoit faire tant de miracles, & luy donnoit des connoissances que Dieu ne communique qu'à ceux à qui il luy plaist de faire des graces extraordinaires. Comme son ardent amour pour sa celeste patrie croissoit tous les jours, & le faisoit avancer sans cesse dans la pratique de toutes sortes de vertus, sa vie devint un puissant exemple pour porter les autres à penser à leur salut : ce qui estant joint à la force de ses discours, fut cause de la conversion de plusieurs, qui d'esclaves du demon qu'ils avoient esté jusqu'alors, commencerent à n'avoir pour maistre que Jesvs-Chrιst; & sa grande reputation l'ayant fait honorer de la dignité du Sacerdoce, il devint le dispensateur des sacrez mysteres, & de la parole de Dieu.

Son defir d'acquerir les biens Celeftes s'augmentant toûjours, il conceut un fi grand mépris pour toutes les chofes vifibles & periflables, qu'il abandonna fes parens & fon païs, & fe retira dans l'extremité de la France en un lieu proche du Rhin, qui eft du Diocefe de Tréves, dont Felix eftoit alors Archevefque. Il y baftit avec fa permiffion une petite Chapelle, où il mit plufieurs Reliques, & où il paffa plufieurs années en jeufnes, en veilles, & en Oraifons, avec une extréme patience, & un tel amour pour l'hofpitalité, que quelques grandes que fuffent fes autres vertus, on peut dire qu'il excelloit en celle-là, tant il prit durant toute fa vie de plaifir à la pratiquer.

La plufpart des peuples d'alentour eftoient Payens ; & il leur annonça avec un fi grand fuccez la parole de Dieu, que plufieurs d'entr'eux renoncerent à leur erreur pour entrer dans le chemin de la vie, qui eft de croire en Jesvs-Christ: & pour amener ces Idolâtres à la Foy par des miracles, Dieu luy accorda le don d'en faire de fort grands & en grand nombre.

Il ne manquoit jamais d'offrir tous les

jours à Dieu dans la sainte Messe pour la conservation de l'Eglise, le Corps & le Sang de JESVS-CHRIST, & de dire tout le Psautier avec beaucoup de devotion : puis il entretenoit de discours de pieté les pelerins & les pauvres qui le venoient voir, mangeoit avec eux, & ajoûtoit ainsi la nourriture corporelle à la spirituelle.

Le diable ne pouvant souffrir que ce grand Serviteur de Dieu menast une vie si sainte, il fit inutilement toutes sortes d'efforts pour tascher de l'en détourner. Et comme les méchans portent toûjours envie aux gens de bien, deux domestiques de Rustique lors Evesque de Treves, nommez Albivin & Adalvin, allerent sous pretexte de pieté visiter le Saint ; & ayant observé sa maniere de vivre, se persuaderent d'avoir trouvé un pretexte specieux pour le calomnier auprés de leur maistre. Ainsi ils luy rapporterent, qu'on devoit moins considerer Goar comme un Prestre, que comme un homme de bonne chere : qu'il beuvoit & mangeoit dés le matin, sans avoir patience d'attendre les heures ordonnées pour cela : que tous ces beaux discours de pieté qu'il faisoit, n'estoient

que pour mieux cacher ses desordres , &
qu'il estoit de l'autorité d'un Evesque,
comme luy d'y remedier , & de ne pas
souffrir qu'un étranger & un extravagant
vécust de la sorte dans son Diocese.

L'Archevesque ajoûta foy à ce discours,
sans y faire davantage de reflexion,& leur
commanda d'aller en diligence trouver
Goar pour le luy amener. Ils retournerent
donc aussi-tost, & exposerent au Saint leur
commission. Quand il eut le lendemain
matin fait toutes ses prieres, & celebré la
Messe à son ordinaire, il dit á son disciple
de leur preparer à manger. Ils prirent
sur cela occasion de faire éclater leur malice, en luy disant,qu'ils s'étonnoient fort
qu'il mangeast ainsi avant l'heure du repas, & que pour eux ils n'avoient garde de
commettre telle faute.

Il leur répondit avec beaucoup de douceur & de modestie. On ne doit avoir «
de l'aversion que pour les maisons où «
l'on ne vit pas dans la crainte de Dieu, «
& ceux qui le craignent veritablement «
ne refusent point la charité qu'on leur «
veut faire. Son disciple luy ayant dit
qu'un pelerin estoit à la porte,il le fit entrer,& mangea avec luy. Ces deux hom-

mes en furent fort aifes, croyant que cela
leur ferviroit encore de fujet de l'accufer :
mais ils ne laifferent pas de le prier de faire porter quelque chofe pour manger &
boire en chemin ; ce qu'il executa. Eftant
party avec eux, & fon difciple qui ne le
quittoit jamais, ces deux hommes environ
fur le midy fe trouverent tellement pref-
fez de la faim & de la foif, qu'Albivin dit
à fon compagnon qu'il n'en pouvoit plus.
A quoy l'autre répondit, que s'il n'avoit
promptement à boire, il eftoit preft de
mourir. Ils allerent auffi-toft à un ruiffeau
qu'ils fçavoient eftre proche de là, mais
ils le trouverent entierement deffeiché. Ils
voulurent prendre dans le fac ce que le
Saint avoit fait porter pour manger, mais
ils n'y trouverent rien. Ayant voulu continuër de marcher, Albivin tomba de cheval comme mort, tant fa foibleffe eftoit
extréme ; & alors Adalvin conjura l'homme de Dieu d'avoir compaffion d'eux. Le
Saint qui avoit gravées dans le cœur ces
paroles de l'Ecriture ; *Si voftre ennemy a
faim, donnez-luy à manger ; s'il a foif,
donnez-luy à boire ; & vous mettrez par
ce moyen des charbons de feu fur fa tefte,*
» luy répondit ; Vous deviez vous fouvenir,

nir, mon fils, que Dieu est charité; que «
celuy qui demeure dans la charité, de - «
meure en Dieu, & que Dieu demeure «
en luy : Ainsi lors que je vous ay ce «
matin offert à manger pour l'amour de „
J E S V S - C H R I S T, & que vous avez veu «
que je ne faisois point difficulté de man- «
ger aussi avec un pauvre étranger, vous «
ne deviez pas refuser cét office de chari- «
té. Mais Dieu a permis que cela soit ar- «
rivé pour vous corriger, & vous ap- «
prendre à aimer la charité, qui est le lien «
de la perfection. Comme il parloit de la «
sorte, il apperceut trois grandes biches.
Ce nombre luy ayant fait invoquer la
tres sainte Trinité, il leur commanda de
s'arrester. Elles obeïrent; & il alla à elles, tira de leur lait dans une petite cru-
che que son disciple avoit portée, & en
fit boire à ces deux hommes : ce qui
leur redonna de la force. Il leur commanda en suite de retourner au ruisseau,
qui n'estoit plus sec comme auparavant,
mais qui couloit à son ordinaire ; & ce
sac qui avoit esté vuide, se trouva en
mesme temps remply de ce dont ils
avoient besoin pour manger. Ces deux
hommes épouventez d'un si grand mi-

M

racle, ne pûrent s'empécher de raconter à l'Evefque de quelle forte tout s'e-
ftoit paffé. Mais ce malheureux Prelat
au lieu d'admirer les œuvres de Dieu,
entra dans une telle fureur, qu'il dit
tout haut devant plufieurs Ecclefiaftiques, que Goar ne pouvoit avoir fait
cela que par enchantement & par magie. Le Saint entra auffi-toft aprés, &
l'ayant fait approcher pour luy rendre
raifon de fes actions, commença par
» luy dire, Qu'il trouvoit fort étrange,
» qu'eftant auffi imparfait qu'il eftoit, il
» pretendift d'avoir du pouvoir fur les be-
» ftes fauvages: mais qu'il paroiffoit af-
» fez qu'il ufoit en cela de magie. Le Saint
» luy répondit : Dieu qui eft un jufte Ju-
» ge, & penetre le fond des cœurs, fçait
» que je fuis tres ignorant dans cette de-
» teftable fcience, & tres-éloigné de vou-
» loir avoir aucune part avec les demons.
» Que fi j'ay tiré du lait de quelques bi-
» ches, ce n'a nullement efté par des char-
» mes: mais par une grace que Dieu m'a
» faite pour pouvoir affifter ceux qui m'a-
» menoient vous trouver. Quant à ce que
» l'on m'accufe de manger & de boire dés
» le matin, je laiffe à juger à celuy à qui

rien ne fçauroit eftre caché, fi je le fais «
par intemperance , ou par un mouve- «
ment de charité. «

Comme il parloit ainfi, un des Clercs
de l'Eglife, nommé Leobige, apporta entre fes bras un enfant nouvellement nay,
& dont on ne fçavoit qui eftoient le pere
& la mere. Car c'eftoit une coûtume à
Treves, que lors qu'une femme eftoit
accouchée , & ne vouloit pas qu'on
fçeuft à qui eftoit l'enfant, ou n'avoit
pas moyen de le nourrir, elle le faifoit
mettre dans une cuvette de marbre de-
ftinée à cét effet, où ceux qui avoient le
foin de l'Eglife le trouvant , s'enque-
roient fi quelqu'un le vouloit nourrir
par charité ; puis le portoient à l'Evefque, pour approuver que cette perfonne
s'en chargeaft. Cela eftant donc ainfi
alors pratiqué, l'Evefque dit : Il nous «
fera facile de voir maintenant fi les œu- «
vres de Goar font de Dieu ou du demon. «
Car fi elles font de Dieu, qu'il faffe donc «
que contre l'ordre de la nature cet en- «
fant parle , & nous dife qui font ceux qui «
luy ont donné la vie. Il commanda en «
fuite au ferviteur de Dieu de faire ce
miracle pour juftifier fon innocence, puis

qu'il n'en falloit pas moins pour obliger
ceux qui avoient conceu une si mauvaise opinion de luy, d'ajoûter foy à ses paroles.

Un commandemenr si injuste affligea
extrémement le Saint. Il voyoit d'un costé que c'estoit l'engager à une chose
qu'il ne pouvoit entreprendre sans pre-
somption ; & d'autre costé il se trouvoit
dans une necessité comme inévitable d'o-
beïr. Il disoit en luy-mesme, qu'on ne
devoit pas luy faire un tel commandement, puis que ce n'estoit pas à un pecheur comme luy, mais à des Saints, à
faire de semblables miracles; & que d'autre part l'impuissance de resister à l'ordre de l'Evesque, & la crainte de scan-
dalizer ceux qu'il instruisoit d'ordinaire
dans la pieté par la mauvaise opinion
qu'ils concevroient de luy, sembloit l'o-
bliger à l'entreprendre. Dans cette agi-
tation de son esprit, il éleva ses mains
„ vers le Ciel, & pria en cette sorte: Jesvs-
„ Christ, qui pour racheter les hom-
„ mes, n'avez pas dédaigné de vous anean-
„ tir & de prendre la forme d'un serviteur,
„ assistez-moy en cette occasion, quoique
„ j'en sois fort indigne ; & faites connoî-

tre dans un si pressant besoin, que rien «
ne vous est impossible ; afin que mon «
Evesque & tous ceux qui sont presens, «
sçachent, ô Createur de l'Univers, que «
ce n'est pas seulement en apparence, «
mais avec verité que je vous aime, que «
je vous adore, & que je desire de vous «
servir. Lors qu'il eut achevé sa priere, il
demanda à celuy qui avoit apporté l'enfant, combien il y avoit qu'il estoit né?
Il répondit, qu'il n'y avoit que trois
jours. Alors cet homme de Dieu dit : Je
vous invoque, ô Trinité sainte ; & vous «
enfant, je vous ordonne au nom de cet- «
te tres-sainte Trinité, de dire distincte- «
ment qui est vostre pere & vostre mere. «
Aussi-tost l'enfant étendit sa main vers «
l'Evesque, & dit d'une voix tres-intelli- «
gible : L'Evesque Rustique que voila, est «
mon pere, & ma mere se nomme Flavie. «
Ainsi par un juste jugement de Dieu,
lors que l'Evesque calomnioit le Saint,
& vouloit faire passer pour criminelles des
actions qu'il auroit deu admirer, & faisoit publiquement de faux jugemens de
son prochain, les pechez qu'il commet-
toit en secret furent connus de tout le
monde. Sa confusion & son étonnement

furent si grands , qu'il se jetta aux pieds du bien-heureux Goar, & avoüa que la sainteté de sa vie , ou pour mieux dire la justice vengeresse de Dieu, avoit découvert par la bouche d'un enfant encore incapable de parler, un crime qu'il croyoit ne pouvoir jamais estre sçeu que par la personne avec qui il l'avoit commis, & par un de ses valets à qui seul il s'en estoit confié. Le Saint ne parut pas moins étonné que luy. Il jetta de profonds soûpirs dans la douleur qu'il avoit d'un si grand peché, & d'avoir donné occasion de découvrir publiquement: puis il exhorta instamment & humblement l'Evesque d'appaiser la colere de Dieu par une penitence proportionnée à sa faute, & s'offrit d'en faire une pour luy de son costé durant sept ans.

Cette affaire fut sçeuë du Roy Sigebert , qui envoya aussi-tost querir le Saint, & luy ordonna de luy raconter comment elle s'estoit passée. A quoy ne répondant rien, il le luy commanda absolument par l'obeïssance qu'il luy devoit, & luy dit en mesme temps de quelle sorte on la luy avoit rapportée. Je sçay, luy répondit le Saint, l'obeïs-

fance que je vous dois : mais Voftre Ma- «
jefté ne fçauroit apprendre de moy que «
ce qu'elle mefme vient de me dire.Cette «
extréme retenuë toucha fi fort ce Prin- «
ce, qu'il ne pût s'empefcher de rappor- «
ter publiquement ce qu'il avoit appris «
des vertus du Saint. Sur quoy chacun
s'écria qu'il falloit depofer Ruftique
pour mettre Goar en fa place, & que cela n'eftoit pas arrivé fans une conduite
particuliere de Dieu ; puis qu'il eft jufte
de donner pour chefs à l'Eglife,ceux qui
font capables de foûtenir par leurs vertus , & par leurs miracles l'éclat & la dignité de ces importantes charges. Le
Roy receut avec beaucoup de joye, &
approuva cette propofition ; & par un
confentement general des Evefques &
des Grands qui fe trouverent prefens, il
ordonna que Goar feroit étably en la place de Ruftique. Ce qui affligea fi fort
ce grand ferviteur de Dieu , qu'il dit
qu'il aimoit mieux mourir que de fe «
feoir fur le fiege d'un Evefque encore vi- «
vant : Qu'on ne devoit point refufer à ce «
Prelat le temps de faire penitence:Qu'il «
y a un fouverain Juge dans le Ciel qui «
jugera un jour tous les hommes:Et que «

M iiij

» si le Roy vouloit qu'il luy remît ses pe-
» chez, il devoit avoir compassion de ceux
des autres. Sigebert répondit qu'il ne
pouvoit refuser à un Evesque le temps
de faire penitence, & ne deferer pas sur
cela à l'avis de celuy par lequel Dieu
avoit voulu faire tant de miracles. Mais
que puis que les Evesques & un consentement public l'avoient choisi pour cét
Evesché, il ne pouvoit pas empescher
qu'il n'en fust pourveu. Le Saint qui vit
que le Roy s'opiniâtroit, le supplia avec
larmes de luy permettre de retourner
dans sa cellule, pour aviser à loisir à la
réponse qu'il luy rendroit. Ce Prince
luy accorda vingt jours pour cela, &
luy commanda de revenir au bout de
ce temps le trouver à Mets. Lors qu'il
fut dans sa cellule, il se prosterna devant
Dieu, & luy demanda avec de profonds
gemissemens, de vouloir par sa bonté
empescher qu'il ne fust chargé d'un aussi
grand fardeau qu'est celuy de l'Episcopat. Comme il estoit en cét estat accablé
d'affliction & de tristesse, une grande
fiévre le prit ; & cette maladie dura si
long-temps, qu'au lieu d'aller trouver le
Roy au bout des vingt jours, il accom-

plit ce qu'il avoit promis à l'Evefque, en faifant penitence pour luy durant fept années entieres.

Lors qu'elles furent paffées, il ne difcontinua point de pleurer & de prier, fe fouvenant que ceux qui fement avec larmes, recueilliront avec joye. Et Dieu luy ayant fait connoiftre que la fin de fa vie s'approchoit, il fouhaitoit de tout fon cœur d'eftre delivré de la prifon de ce corps, pour vivre avec JESVS-CHRIST.

Le Roy Sigebert qui avoit toûjours dans l'efprit le deffein de le faire Evefque, luy envoya ordre de le venir trouver. Il répondit qu'il ne le pouvoit, acaufe de fa maladie. Ce Prince renvoya une feconde fois l'en preffer encore davantage. Mais le Saint dit, qu'il efperoit, avec la grace de Dieu, de ne fortir de fa cellule que pour eftre porté en terre. Ce que l'evenement confirma. Car il mourut bien-toft aprés, & alla recevoir dans le Ciel la recompenfe de fes longs travaux. Le Roy en témoigna une douleur toute extraordinaire. Son faint corps fut enterré dans fa petite Chapelle, où il fe fait une quantité incroyable de miracles.

M v

LA VIE

DE SAINT

SIGEBERT III.

ROY DE FRANCE.

Ecrite par Sigebert Religieux du
Monastere de Gemblac.

*Et rapportée par Bollandus au premier
jour de Février.*

LA VIE
DE
S. SIGEBERT
III. ROY DE FRANCE.

Ecrite par Sigebert Religieux du Monaſtere de Gemblac.

Et rapportée par Bollandus au premier jour de Février.

Lotaire II. Roy de France, ſurnommé le Grand, fils de Chilperic I. & de Fredegonde, n'avoit que quatre mois, lors qu'aprés la mort du Roy ſon pere, il commença de regner. Quand il fut plus avancé en âge, il témoi-

gna avoir des inclinations si Royales & si
Chrétiennes qu'il fut agreable à Dieu, &
merita de commander seul dans les Royau-
mes de France, d'Austrasie, & de Bour-
gogne, qui furent tous reünis en sa personne ; & ainsi il devint plus puissant que nul
de ses predecesseurs ne l'avoit esté. En la
trente-troisiéme année de son Regne, il
établit Roy d'Austrasie Dagobert son fils.
Et pour empescher que sa jeunesse & la li-
cence que la grandeur souveraine donne,
ne le portast à s'éloigner de son devoir, il
choisit pour l'assister & le conduire, deux
hommes éminens par leur qualité & leur
sainteté : sçavoir S. Arnoul, qui de Maire
du Palais qu'il estoit auparavant, avoit esté
fait Evesque de Mets ; & le Duc Pepin
alors Maire du Palais, qui surpassoit tous
les autres Grands de la Cour en autorité
& en sagesse. Dagobert par l'assistance &
le conseil de ces deux grands personnages,
poussa plus loin les bornes de son Empire,
& travailla principalement à dompter les
Saxons qui faisoient de grandes irruptions
dans l'Austrasie. Le Roy son pere qui
estoit l'un des plus vaillans Princes qui fut
jamais, joignit pour cela ses forces aux
siennes, tua de sa main dans un grand com-

bat Bertoalde leur Roy, & fit tuër tous les Saxons qui eſtoient plus grands que ſon épée n'eſtoit longue.

Aprés de ſi glorieux & ſi heureux commencemens, lors que le Roy Clotaire fut mort, Dagobert ſe relâcha peu à peu de ſa premiere vertu. Il ſe laiſſa aller à des amours impudiques, qui luy firent commettre de grands crimes, & ne ſuivit plus comme auparavant les avis du Prince Pepin, & de Cunibert Archeveſque de Cologne, que cét admirable Miniſtre dont il eſtoit intime amy, avoit aprés le deceds de ſaint Arnoul choiſi pour l'aſſiſter dans la conduite des affaires. Ainſi quoique ce jeune Roy, qui ne cedoit en valeur à nul autre de ſon Siecle, conſervât beaucoup d'affection pour les Egliſes & pour les perſonnes Religieuſes, fiſt de grandes aumoſnes aux pauvres, & beaucoup d'autres bonnes œuvres: il ternit ſa reputation & l'éclat de la gloire qu'il avoit acquiſe. Au milieu de ſes deſordres il ne perdit pas neanmoins l'eſperance que Dieu auroit pitié de luy; & dans ſon extréme déplaiſir de ſe voir ſans enfans, & ſon frere Charibert incapable de gouverner, il demandoit à Dieu avec ferveur, de luy vouloir don-

ner un fils qui puſt un jour luy ſucceder.
Ses prieres furent exaucées ; & auſſi-toſt
il jetta ſes yeux ſur les hommes les plus
ſignalez par leur ſainteté, pour preſenter
ce jeune Prince au ſaint Bapteſme. Il y en
avoit en ce temps pluſieurs en France, entre leſquels éclatoit S. Amand depuis Eveſque de Maſtrich, qui eſtant né en Guyenne d'une race tres-noble, avoit tout aban-
donné pour ſuivre JESVS-CHRIST &
preſcher ſa parole, avec un extréme travail & une tres grande utilité pour les
ames. Mais comme il avoit eſté le ſeul de
tous les Eccleſiaſtiques qui auoit oſé reprendre ſeverement Dagobert de ſes pechez, il l'avoit chaſſé de ſes Eſtats, & il an-
nonçoit la Foy aux Gentils dans les Nations éloignées. Dieu toucha de telle ſorte
le cœur de Dagobert, qu'il ſouhaita avec
paſſion que ce fuſt luy qui offriſt ſon fils à
Dieu dans vn ſi grand Sacrement. Il l'envoya en ſuite chercher avec tant de ſoin,
qu'on le trouva, & on le luy amena à Cli-
chy proche de Paris. Il eut une tres-grande joye de le voir, ſe jetta à ſes pieds, luy
témoigna ſon extréme déplaiſir de l'inju-
ſtice qu'il luy avoit faite, le pria de la luy
pardonner, & de vouloir non ſeulement

baptiſer ſon fils ; mais le conſiderer comme s'il euſt eſté le ſien, & d'eſtre ſon pere ſpirituel. Le Saint n'eut pas peine à oublier le mauvais traittement qu'il auoit receu du Roy. Mais la crainte de s'engager dans le monde & dans la Cour, fit qu'il ſe retira ſans luy vouloir rien promettre. Surquoy ce Prince luy envoya S. Oüin & S. Eloy, qui n'eſtoient encore que ſeculiers ; & ils le conjurerent avec tant d'inſtance de donner cette ſatisfaction au Roy, & luy alleguerent tant de raiſons pour l'y obliger, qu'il ſe laiſſa enfin vaincre à leurs prieres. Le Bapteſme ſe fit à Orleans, où Charibert ſe rendit pour eſtre parrain de ſon Neveu. Et lors que dans cette ſainte ceremonie S. Amand, aprés l'avoir faite, donna la benediction, perſonne ne répondant *Amen*, Dieu ouvrit la bouche de l'enfant qui n'avoit alors que quarante jours ; & par un merveilleux miracle, fit qu'il prononça tres-diſtinctement cette parole. Le Roy, les Grands, & toute l'Armée en témoignerent une joye incroyable, & eurent depuis ce jour une veneration toute extraordinaire pour ſaint Amand.

Comme il n'arrive jamais, ou que tres-

rarement, qu'un merite extraordinaire ſoit
exempt d'envie; & que le Duc Pepin Maire du Palais excelloit au deſſus de tous les
autres par ſa rare prudence dans la conduite des affaires , par ſa grande ſageſſe
dans les Conſeils, par ſon extréme valeur
dans la guerre, par ſon ardent amour pour
la juſtice,& par ſon inviolable fidelité ; il
n'y eut rien que les principaux Seigneurs
d'Auſtraſie ne fiſſent pour l'éloigner des
bonnes graces du Roy Dagobert & de ſa
preſence, & il ne tint pas à eux qu'ils ne
luy fiſſent meſme perdre la vie. Mais ce
grand perſonnage qui s'élevoit par ſa
vertu au deſſus des paſſions qui empor-
tent les autres hommes ; au lieu de penſer à ſe venger , ne penſa qu'à rendre le
bien pour le mal : & pour éviter le deſor-
dre que ſon reſſentiment auroit pû cauſer dans le Royaume , il ceda à la faction
formée par ſes envieux, & prit le Prince
Sigebert fils du Roy pour l'aller élever en
Guyenne auprés de Charibert ſon Oncle
& ſon parrain. Ainſi par ſon admirable
conduite & ſa pieté, il diſſipa cette nuée
qui euſt pû cauſer un ſi dangereux orage;
& le calme revint enſuite plus grand que
jamais.

Un nommé Sammon qui estoit Fran-
çois, ne s'estoit jusques alors meslé que de
trafiquer, estant allé en Esclavonie, fit de
si grandes actions dans la guerre, & se con-
duisit avec tant d'adresse, que ces Peuples
le choisirent pour leur Roy. Comme il
estoit fort entreprenant, ses troupes vinrent souvent aux mains avec celles du
Roy Dagobert, par les incursions qu'elles
faisoient dans la Turinge, & autres païs
de son obeïssance. Dagobert pour les re-
primer convoqua à Metz une assemblée
des Grands & des Evesques, où par leur
conseil & avec leur consentement, il établit solemnellement Sigebert son fils Roy
d'Austrasie, luy permit de tenir à Metz le
siege de son Empire, & luy donna une partie de ses tresors. Mais parceque ce Prince estoit encore fort jeune, il commit sa
personne aux soins de Cunibert Archevesque de Cologne, & du Duc Adelgise, & le
gouvernement de toute l'Austrasie au
Prince Pepin, qui par sa prudence & par
son courage vainquit les Esclavons en tant
de combats qu'il les renferma dans leurs
limites.

En l'année suivante, le Roy Dagobert
eut un second fils, qui fut nommé Clovis :

& il fit alors une autre assemblée, dans laquelle pour empescher qu'il n'arrivât de la division entre ses deux fils, & oster tous les sujets qui pourroient faire naistre des guerres Civiles, il partagea ses Estats entr'eux, confirma Sigebert dans le Royaume d'Austrasie, & donna à Clovis celuy de Neustrie, qui est le nom que portoit cette autre partie de la France qui regarde le Septentrion & l'Occident.

Aprés la mort de Dagobert, ces deux freres gouvernerent sagement leurs Estats, se firent aimer de leurs sujets, se rendirent redoutables à leurs ennemis, & vécurent fort bien ensemble. Une seule chose pensa les diviser, qui fut le partage des tresors du Roy leur pere. Mais ils furent partagez également par la sagesse & la fermeté du Prince Pepin, & de l'Archevesque Cunibert, nonobstant la resistance que le conseil de Clovis y apportoit : & ainsi cette mes-intelligence n'eut point de suite.

L'année suivante combla de douleur le Roy Sigebert, & toute l'Austrasie, par la mort de ce saint & admirable Prince Pepin Maire du Palais. Il avoit nourry Sigebert dés son enfance avec les mesmes soins & la mesme tendresse que s'il eust esté son

propre pere, & rendu par sa prudence &
par son courage sa jeunesse redoutable. Il
n'y eut point d'avantage que le Royaume
d'Austrasie ne receût de sa conduite ; &
il ne se rencontra tout ensemble en nul
autre de son temps une naissance si illustre,
une si grande autorité, une sagesse si profonde, & une generosité si heroïque. Il
laissa un fils nommé Grimoald, & deux
filles, Gertrude, & Beggha, dont la premiere qui fut Abbesse du Monastere de
Nivelle, fondé par la Princesse Itte sa mere, s'est renduë si celebre par sa sainteté ;
& l'autre nommée Beggha, qui passe aussi
pour une Sainte, épousa Anchise fils aisné
de saint Arnoul, & d'eux est venuë en
droite ligne la seconde race des Rois de
France.

Grimoald succeda au Prince Pepin son
pere en la Charge de Maire du Palais, &
fut plus puissant que nul autre dans la
Cour du Roy Sigebert. Il se signala dans
la guerre & dans la paix. Et il fut traversé
par ses envieux; mais cela ne dura pas.

Radulphe Duc de Turinge, qui estoit un
grand Capitaine, ayant vaincu les Esclavons en plusieurs combats, conceut du
mépris pour la jeunesse du Roy Sigebert;

se revolta contre luy, entra dans ses ter-
res avec une armée, & surprit la sienne.
Sigebert ressentit tres-vivement cét ou-
trage, quoiqu'il n'eust alors que douze
ans : & quand il fut plus avancé en âge, il
ne cessa point de poursuivre ces Turin-
giens revoltez, qu'il n'eust châtié leur orgueil, & ne les eust rangez à leur devoir.

Ainsi tous les troubles tant étrangers,
que domestiques, estant appaisez, l'Austrasie joüit d'une profonde paix par l'assistance de Dieu, qui répandoit continuellement ses graces sur ce pieux Prince, qu'il
avoit témoigné aussi-tost aprés sa naissance luy estre si agreable. Il luy donna comme à Salomon dés sa plus tendre jeunesse,
la sagesse, les richesses, & l'autorité, &
s'il m'est permis d'user des termes de Nostre Sauveur, je puis dire sans crainte,
qu'il y avoit en luy plus qu'en Salomon.
Car Salomon perdit par son idolâtrie la sagesse qu'il avoit receuë d'en haut d'une
maniere si admirable, n'employa que
pour sa ruine ses richesses & son autorité, & merita par son peché que sa posterité fust privée des avantages qu'elle auroit conservez, s'il avoit esté fidele à
Dieu.

Mais cét autre pacifique Salomon employa tout son esprit, tous ses tresors, &
toute sa puissance pour conserver son ame
pure, en ne faisant rien que de juste, & se
rendit digne par ses bonnes œuvres d'a-
voir une longue suite de descendans. Et au
lieu que dans les Estats paisibles le repos
& l'oisiveté produisent la corruption des
mœurs ; ce Prince au contraire, ne pensoit
dans la longue paix dont il joüit, qu'à
combattre contre ces esprits de tenebres
qui travaillent sans cesse à jetter les hommes dans l'oubly de Dieu, & il se servoit
des plus gens de bien pour l'aider à les
terrasser & les vaincre. Il faisoit de tres-
grandes aumosnes, & il bastit & fonda
douze Monasteres, afin que suivant le precepte de l'Apostre, en mesme temps que
les Religieux qu'il y établit recueilleroient
les fruits de sa liberalité, leurs prieres comme une semence spirituelle, attirassent la
benediction de Dieu sur son ame, pour la
rendre feconde en bonnes œuvres ; & le
saint Archevesque Cunibert n'oublioit
rien pour le fortifier.

Il ne manquoit au bonheur de Sigebert
sinon d'avoir des enfans, & dans l'in-
certitude si Dieu luy en donneroit, la

confiance qu'il prenoit au Prince Grimoald le porta à choisir Childebert son fils pour successeur du Royaume d'Austrasie, s'il venoit à deceder sans enfans. Mais Dieu exauça ses souhaits, & luy donna un fils qui fut nommé Dagobert. Ce qui rendit nulle la disposition qu'il avoit faite.

Comme ce saint Roy avoit commencé de si bonne heure à marcher dans la voye étroite qui conduit au Ciel, Dieu voulut bien-tost le recompenser. Il le tira des miseres de cette vie à l'âge de 28. ans pour le faire regner avec luy dans une eternelle gloire.

Il fut enterré à Metz, où estoit le siege de son Royaume, dans l'Eglise qu'il avoit fait bastir en l'honneur de S. Martin, avec une magnificence Royale; & il se fait plusieurs miracles à son tombeau.

LA VIE
DE S. CYRAN
ABBE'.

*Tirée des anciens Manuscrits de
l'Abbaye qui porte son nom.*

N

LA VIE
DE S· CYRAN
ABBE'.

Tirée des anciens Manuscrits de l'Abbaye qui porte son nom.

AINT CYRAN nâquit en la Province de Berry, d'une ancienne & illustre famille. Son pere eut nom Siclaïque, & sa mere fut fort renommée par sa pieté & par ses bonnes œuvres. Ils l'envoyerent à Tours pour le faire étudier aussi-tost qu'il fut en âge. Estant un peu plus avancé, ils le donnerent à un Seigneur nommé Flaucade, pour estre élevé auprés de luy selon sa naissance : & ce Seigneur l'ayant mené à la Cour, il luy fit avoir par son credit & par sa faveur la

Charge d'Echanſon du Roy. Son pere fut
preſqu'en meſme temps éleu Archeveſque de Tours, & eſtant lié d'une amitié
fort étroite , avec Aldroade un des plus
grands de la Province , il voulut rendre
cette amitié plus inviolable & plus ſainte
par le mariage de ſon fils avec la fille de
ſon Amy. Mais il ne ſçavoit pas que S.
Cyran avoit reſolu non ſeulement de ne
ſe marier jamais , mais auſſi de renoncer
à tous les biens & à tous les engagemens
du monde. Il s'eſtoit déja conſacré à Dieu;
& quoique les loix de ſa condition & dè ſa
Charge l'obligeaſſent à porter de riches
habits, à paroiſtre devant les hommes , &
à donner quelque choſe à la couſtume &
au temps : neanmoins en tout cela il ne
regardoit que Dieu ſeul ; il ne vouloit plaire ny obeïr qu'à luy ſeul & à ſon ordre,
ſans permettre que le monde priſt aucun
pouvoir ſur ſon cœur. Il portoit un cilice
ſous ſes habits, & par la vraye & interieure humilité qu'il nourriſſoit dans ſon
ame , il mépriſoit & rejettoit tout ce qui
pouvoit le porter à la vanité, encore qu'il
en fuſt environné au dehors ; eſtant d'autant plus humilié aux yeux de Dieu, qu'il
paroiſſoit plus élevé aux yeux des hom-

mes. C'eſt pourquoy lors qu'il eſtoit reti-
ré chez luy, il ſe dépoüilloit de ſes habits
ſomptueux qu'il eſtoit contraint de porter
pour ſervir le Roy, & il ſe reveſtoit des
habits modeſtes qui ne luy ſervoient que
pour ſervir le Roy du Ciel, ſelon le deſir
de ſon cœur & dans la ſincerité de ſon
eſprit. Mais il ne ſe contenta pas de refuſer l'Epouſe que ſon pere luy avoit choi-
ſie. Car pour ſe fortifier davantage, il ſe
reſolut de ne voir jamais aucune femme.
Il commença meſme de ſe retirer peu à
peu de la Cour. Et Dieu pour recompen-
ſer la Vertu & la Pureté qu'il avoit conſervée incorruptible toute ſa vie, & les
bonnes œuvres qu'il avoit toûjours con-
tinuées ſans relâche, luy donna enfin
moyen de ſecoüer entierement le joug
du Siecle, & d'acquerir la liberté parfaite de ſes vrais enfans.

Auſſi-toſt qu'il fut delivré des liens du
monde, il eut par inſpiration Divine le
deſir de s'addreſſer au grand ſaint Martin, pour apprendre de luy le chemin qu'il
devoit prendre d'une nouvelle vie, à laquelle il vouloit s'attacher. Il alla à Tours
dans l'Egliſe de ce Saint ſe proſterner devant ſon Tombeau ; où aprés avoir prié

avec beaucoup de ferveur une espace de temps, il resolut de se consacrer entierement à Dieu, & pour ce sujet il quitta son habit, se fit coupper les cheveux, & se mit dans l'Estat Ecclesiastique. L'Evesque approuva son dessein, & le receut pour estre du Clergé de son Eglise, avec une joye inconcevable de tout le peuple.

Alors la vertu & la sainteté de S. Cyran commença à répandre une nouvelle lumiere. Il estoit à tout le monde par une extréme charité : ses paroles & ses œuvres, & la grace particuliere d'une sainte Eloquence qui paroissoit dans ses discours, gagnoient les cœurs de tout le monde, & les animoient à le suivre & à imiter sa vie. Ce qui fit qu'il fut éleu Archidiacre par un consentement universel, & l'Evesque luy donna la charge de toutes les Eglises de son Diocese. Il les gouverna avec tant de sagesse & d'integrité, qu'il rétablit tout ce qu'il trouva changé contre les regles des anciens Peres, & contre les Ordonnances des saints Evesques : ce qu'il ne fit pas avec une autorité absoluë, mais tout par amour & par charité ; parceque les peuples avoient grande creance en luy acause de sa vertu, de sa grande pieté, & de son détachement pour les biens de la terre. Car il donna tout le bien de son patrimoine aux pauvres , ne se reservant presque rien. Ce qui fut cause qu'il n'eut pas beaucoup de peine à persuader aux peuples de recevoir l'ancienne prati-que de l'Eglise , qu'il rétablit dans tout le Diocese de Tours, & presque dans tout le Royaume.

Toutefois Dieu ne voulut pas laisser plus long-temps inconnuës la force & la patience de son serviteur. Il luy donna occasion de les exercer , & de les faire écla-ter. Il permit qu'Estienne Gouverneur de Tours, resolut de le persecuter & de le surprendre par quelque invention , afin d'avoir plus d'autorité dans son dessein. Mais ne pouvant trouver dans une vie si innocente aucun pretexte pour accomplir son méchant dessein, il fut contraint de former des accusations contre ses bonnes Oeuvres & sa Pieté , pretendant selon le jugement ordinaire que font les impies de ceux qui servent Dieu, que ce Saint estoit fou , parce qu'il vivoit saintement,& qu'il le falloit mettre en prison comme un crimi-nel. Mais Dieu rendant visible & manife-ste à tout le monde la sainteté de son ser-

viteur, cét Ennemy demeura confus &
convaincu ; parceque tout le peuple eſtoit
trop bien perſuadé de la ſainteté de ſa vie.
De ſorte qu'il y receut le châtiment que
meritoit ſon crime. Car il tomba luy-meſme dans la folie qu'il avoit fauſſement
imputée à ce ſaint homme, & fut pris &
empriſonné avec juſtice, comme il l'avoit
fait injuſtement à noſtre Saint, & fut mis
à mort par un Gentilhomme contre qui il
eut querelle ; Dieu voulant vanger ſaint
Cyran contre ſon deſir, afin de le rendre
plus conſiderable, & d'obliger les Eſprits
incredules & endurcis à ſe convertir par
l'exemple d'une punition ſi épouventable.

S. Cyran ſe voyant delivré de cette perſecution, jugea qu'il devoit reconnoiſtre
la bonté que Dieu luy avoit faite, par une
reſolution de l'honorer & de le ſervir avec
une ardeur plus grande qu'il n'avoit fait
auparavant. Il commença par le reſte de
ſon patrimoine qu'il donna entierement
aux pauvres, afin de ſe dégager de toutes
ſortes d'empeſchemens, & de renoncer à
tout ce qui pourroit luy empeſcher de ſe
donner entierement à Dieu. Mais comme il n'y avoit perſonne dans tout ce

païs qui approchât de fa vertu pour le conduire dans ce grand deffein, Dieu luy envoya un faint Evefque d'Hibernie, nommé Salvius, celebre en doctrine & en pieté, qui par une rencontre toute particuliere paffa en France, & arriva prés du lieu où eftoit noftre Saint, comme s'il ne fût venu que pour luy feul. S. Cyran l'alla voir auffi-toft, & fe foûmit entierement fous fa conduite, pour eftre inftruit & formé dans l'efprit de l'Evangile, & avança beaucoup fous la direction de ce faint Evefque, qui le fortifia dans la pieté dont il eftoit déja remply par la grace de fon Dieu, laquelle beaucoup ne pouvoient fouffrir, acaufe qu'elle eftoit reglée felon les maximes de l'Evangile & des faints Peres. S. Cyran demeura fi fortement uny à S. Salvius, qu'il le fuivit à Rome, où ce faint Evefque alloit vifiter les Tombeaux des faints Apoftres & des Martyrs; & furent accompagnez de plufieurs perfonnes dela Province, qui avoiét efté portez par leur exemple & leurs inftructions à tout abandonner pour embraffer la pieté, & fe donner à Dieu. Dans ce pelerinage ils eurent foin de voir & d'honorer les Eglifes des Saints qui fe rencon-

trerent dans leur chemin, & ils arriverent
à Rome avec la mesme union & la mesme paix qu'ils avoient conservée durant
tout leur voyage.

Saint Cyran se voyant dans la terre des
Apostres, & voulant vivre du travail de
ses mains comme les Apostres : Il se mit
avec les païsans pour leur aider à faire ven-
dange, & porter la hote sur ses épaules. Il
fit l'office d'un simple homme de journée,
avec autant d'humilité & de force d'esprit,
que de charité : & ainsi il se fit aimer &
admirer de tout le monde. Cela n'empes-
cha pas qu'il ne se rendît en certain temps
auprés de ceux de sa compagnie, ayant
un extréme soin de ne manquer pas à ce
qu'il devoit à la societé & à l'union sainte
dont Dieu l'avoit lié avec eux. Il ne laissa
pas aussi pour cela de travailler tres-utile-
ment pour quantité de personnes de ce
païs-là, par ses paroles, & par son exemple.
Il fit passer les uns d'une vie corrompuë à
une vie Chrétienne. Il retira les autres des
engagemens du monde, & les porta à lo
mépriser & à l'abandonner entierement.
Aussi eut-il soin de porter à son voyage
de Rome les œuvres des saints Peres, &
la sainte Ecriture, afin de s'en servir pour

imprimer dans ſon ame, & dans celle des autres l'amour de la verité & de la pieté ſolide.

En ce temps - là ce Seigneur nommé Flaucade , auprés duquel il avoit eſté nourry en ſa jeuneſſe , eſtoit le premier & le plus puiſſant dans la .Cour de France. Il pria S. Cyran de le venir trouver pour accorder quelques affaires de grande importance ; & ce Saint ne crut pas le pouvoir refuſer , ſans bleſſer les loix de la Charité. Mais eſtant auprés de luy , il luy gagna tellement le cœur , & luy donna tant d'amour pour ſa perſonne , que cét homme ſi engagé dans la Cour , ſe reſolut de le ſuivre , & de chercher avec luy un lieu pour s'y donner tout à Dieu en renonçant au monde , & ne penſer plus qu'à paſſer le reſte de ſes jours dans les exercices de la Religion & de la vie Monaſtique.

Ils jugerent propre pour leur deſſein cét endroit de la Brenne, qu'on appelle aujourd'huy Meobec , & qu'on appelloit alors Mille pecus , acauſe de la grande quantité de beſtail qu'on y nourriſſoit. Ils y baſtirent d'abord de petites cellules fort ſimples , & receurent avec eux quelque peu de perſonnes, parmy leſquels ſaint Cyran fit paroiftre fa vertu avec beaucoup de fruit & d'avantage pour les autres & pour foy-mefme, paffant les jours & les nuits à mediter la Loy du Seigneur, & à reprefenter la vie du Ciel fur la Terre.

Il rencontra peu aprés dans le mefme païs de Brenne un autre lieu qui luy fembla plus commode, dépendant d'une terre de Flaucade, qui avoit nom Longuaret, où S. Cyran fe retiroit d'ordinaire, & dont le fejour luy eftoit plus agreable, tant acaufe de la beauté du païs, que de la riviere de Claife qui y eft fort poiffonneufe. Et parceque la maifon de Flaucade eftoit prés de cette riviere, S. Cyran y fit avec fon confentement une petite loge de bois affez éloignée de fa premiere demeure. Mais quelque temps apres Flaucade fe laiffant emporter aux attraits du monde & aux grandeurs de la Cour, & ne pouvant oublier la douceur de la vie qu'il avoit fi long-temps menée, fe trouva trop foible pour continuër la courfe qu'il avoit commencée. Il s'abandonna à la violence de fes paffions. Enfin, il fe laiffa tellement aller à l'orgueil & à la colere contre un Gentilhomme de grande vertu nommé Villibaud qui avoit efté élevé chez luy dés l'enfance, qu'il le prit & le tua, & fit avoüer au Roy une action si inhumaine. Mais le Roy du Ciel condamna sa cruauté, & le chastia promptement, en le faisant mourir unze jours aprés d'une mort qui portoit les marques visibles de sa justice.

Presqu'en mesme temps l'un des principaux de la ville de Poictiers nomme Magnobaud, envoya à S. Cyran en sa premiere maison de Meobec un tonneau d'huile, contenant mille livres. Le Saint ne refusa pas ce present, mais il ne voulut pas qu'on le déchargeât en ce lieu-là. Il pria ceux qui l'avoient amené d'attendre un peu, jusqu'à ce que Dieu eût marqué le lieu où on le devoit conduire. La nouvelle de la mort de Flaucade arriva trois jours aprés; & ainsi la terre de Longuaret estant absolument acquise à S. Cyran, comme il l'avoit prédit, tant par le testament de Flaucade, que par le consentement de ses parens, le tonneau d'huile y fut déchargé selon son desir & selon sa prophetie. Et parceque cette demeure luy plaisoit fort, tant acause qu'elle estoit propre pour la vie Monastique, que parce qu'il voyoit que Dieu la luy avoit destinée, il y fonda un Monastere, où il assembla des Re-

ligieux vivans sous la Regle de S. Be-
noist, & le pourveut de toutes les choses
neceffaires. Il le gouverna faintement durant plusieurs années, & il y receut un
affez grand nombre de perfonnes, les nour-
riffant dans fon efprit, & leur apprenant
à former leur vie fur le modele & fur les
regles des Saints Peres. Dieu a confirmé
fa doctrine & fa fainteté par quantité de
miracles. On luy avoit volé des chevaux
fur lefquels il eftoit allé à Meobec avec
fes gens : mais les voleurs ayant en vain
tâché de fe fauver, s'égarerent toute la
nuict, & fe trouverent au matin à la porte de la maifon d'où ils avoient enlevé ces
chevaux. Ce qui les épouventa tellement,
qu'ils s'enfuïrent auffi-toft, laiffant tout ce
qu'ils avoient pris. Ce Saint eftant au
mefme lieu avec les Religieux, & lifant
attentivement l'Ecriture Sainte felon fa
coûtume, le Serviteur qui l'éclairoit laiffa
mourir la chandelle, en forte qu'elle fut
entierement éteinte : & il la ralluma au
mefme inftant par le figne de la Croix.

Plusieurs autres actions & rencontres
merveilleufes ont rendu illuftre fa vie
divine, laquelle il continua jufques à la
fin, avec la mefme vigueur qu'il l'avoit

commencée, demeurant toûjours avec ſes
enfans au Monaſtere qu'il avoit établY
prés la riviere de Claiſe, où il étudioit &
recherchoit inceſſamment les maximes &
les inſtructions des Saints Peres pour s'en
ſervir à conduire ſa vie & celle de ſes diſciples. Et ainſi croiſſant continuellemenr
en vertu, & ſe ſurmontant toûjours ſoy-
meſme, il parvint enfin heureuſement à
la recompenſe & à la gloire de ceux de
qui il avoit eu tant de ſoin de ſuivre les
voyes, & à qui il avoit tant deſiré de ſe
rendre ſemblable en toutes choſes.

HISTOIRE

DE LA BIEN-HEVREVSE

SOPHIE,

FILLE DE BELA ROY

DE HONGRIE.

Rapportée par l'Autheur de la Vie de S. Otton Evefque de Bamberg, dans le 4. Tome de Laurent Surius, le 2. de Iuillet.

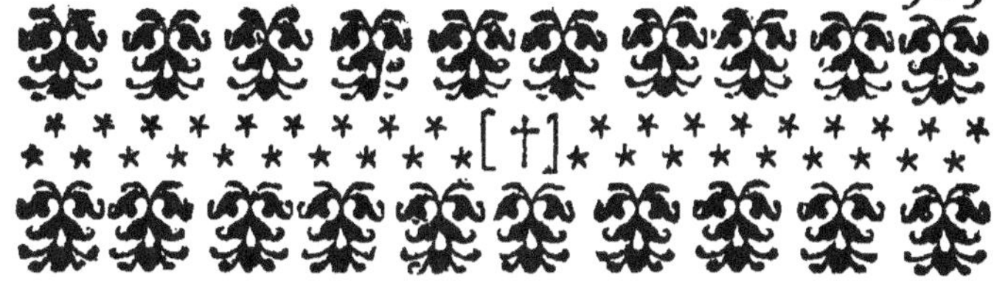

HISTOIRE

DE LA BIEN-HEVREVSE

SOPHIE,

FILLE DE BELA ROY

DE HONGRIE.

Rapportée par l'Auteur de la Vie de S. Otton Evesque de Bamberg, dans le 4. Tome de Laurent Surius, le 2. de Iuillet.

PVisque je suis tombé sur le sujet du Bien-heureux Béla Roy de Hongrie, je croy qu'il sera bon pour l'edification des Lecteurs, de dire quelque chose de sa fille sainte Sophie, qui ayant consacré à Dieu sa virgi-

nité dans la Religion, a mené une vie digne de grande loüange parmy les saintes
Religieuses du Monastere d'Aumont dans
la Stirie.

Avant qu'elle fût en âge d'estre mariée,
l'Empereur Conrad la demanda pour
Henry son fils aisné, qui estoit encore enfant. Le Roy Béla son pere consentit
enfin à cette proposition, aprés en avoir
esté prié long-temps. Et des Archevef-
ques, Evesques, & autres grands Seigneurs
d'Allemagne ayant esté envoyez en ambassade pour la conduire à son Epoux, avec
une pompe digne de la magnificence Imperiale, ce Saint Roy la leur donna, en
faisant à Dieu cette priere: Seigneur Dieu
du Ciel & de la Terre, vous voyez tout, &
je ne vois rien, puisque je suis aveugle par
l'ordre de vôtre providence & de vôtre
volonté. Mais vous voyez toutes choses;
vous penetrez le fond des cœurs; vous
connoissez également le present, le passé,
& l'avenir. Et mettant les mains sur la
Princesse, il ajoûta : Seigneur, voila mon
unique fille, c'est la seule de ce sexe que
vous m'avez donnée par vôtre misericorde. Je l'envoye aujourd'huy pour estre
mariée, vous priant d'en estre témoin, &

de nous affifter en cette rencontre. Je la
mets, par vôtre conduite, entre les mains
de ces Ambaffadeurs, fous cette condition
toutefois, qui fera, s'il vous plaift, ferme-
ment établie entre vous & moy, que vous
ne l'abandonnerez point : & que s'il arrive que l'Empereur Conrad qui la demande pour fon fils, ait jamais deffein de luy
nuire, vous la defendrez, & la regarderez
toûjours comme eftant fous vôtre protection, felon la tres-humble fupplication
que je vous en fais.

Aprés, fe tournant vers les Ambaffadeurs : Vous voyez, dit-il, devant vous ma
fille : prenez la, & la menez à l'Empereur
vôtre Maître, Et parce qu'elle m'eft plus
chere que ma propre vie, je veux auffi envoyer avec elle tout ce que j'ay de plus
cher & de plus precieux.

Il fit apporter en mefme temps tout ce
qui eftoit de plus rare & de plus precieux
dans fon trefor Royal, toute fa Chappelle
avec les Reliques des Saints, tous les ornemens, & les vaiffeaux d'or & d'argent,
de riches pavillons, & des chevaux de
grand prix, pour porter toutes ces chofes ; & outre cela une quantité ineftima-
ble d'or & d'argent qu'il donnoit à fon

gendre & à sa fille.

Enfuite il mit la petite Princeffe fur le Reliquaire de S. Blaife, difant aux Ambaffadeurs : Je vous donne ma fille avec fon Patron en la prefence de Dieu, fous les conditions que je viens d'exprimer devant luy.

Ainfi les Ambaffadeurs ayant pris congé du Roy, lors qu'ils furent fortis de la Hongrie, & qu'ils approcherent du mont Taurus qui eft dans la Carinthie, l'Empereur Conrad envoya au devant d'eux, & leur commanda de loger la Princeffe avec deux de fes filles dans le Monaftere des Religieufes d'Aumont, jufqu'à ce que toute fa Cour eftant affemblée pour la folemnité des Noces, elle y pût eftre receuë avec l'honneur qui eftoit deû à la grandeur de fa qualité. Et cependant il voulut qu'on luy apportaft tous les prefens, & toutes les richeffes que le Roy de Hongrie avoit envoyées avec elle.

Mais la rencontre de diverfes difficultez, aufquelles les Rois font fujets, auffi bien que les particuliers, l'obligerent de differer l'execution de fon deffein. Et cependant le jeune Prince ayant efté furpris d'une maladie dont il mourut, la Princeffe

voulut demeurer dans le Monastere où elle estoit. Le Roy Béla son pere finit aussi
sa vie saintement : & son fils Gison luy
succeda au Royaume de Hongrie : lequel
voyant que le dessein du mariage de sa
sœur n'avoit pû estre accomply, envoya
des gens pour la ramener. Mais cette ver-
tueuse Princesse ne voulut jamais sortir du
Monastere. Et quoique le Roy renvoyast
deux ou trois fois vers elle pour le mesme
sujet, elle demeura toûjours ferme & constante dans sa resolution.

Enfin ce Roy pensant qu'elle pouvoit
estre retenuë par la violence de ceux qui
avoient la conduite du Monastere, commença à entrer en colere contre cette maison, menaçant de la ruiner & de la perdre entierement, si on ne luy rendoit au
plutost sa sœur. Mais cette vierge tres-
chaste, ayant l'esprit & le corps entierement portez au bien & à la perfection de
la vertu Chrétienne, aimoit beaucoup
mieux s'attacher à Dieu qu'au monde.
De sorte que * l'Abbé ayant fait ouvrir les
portes du Cloistre, & laissant à son choix

*Le Monastere d'Aumont estoit composé de deux
Communautez, l'une d'hommes, & l'autre de filles,
qui estoient sous la conduite de l'Abbé.*

de demeurer dans le Monastere, ou de sortir & de suivre les gens du Roy son frere.
Elle resolut de demeurer, & de n'abandonner jamais la profession de la virginité.

C'est pourquoy le Roy touché d'un
amour excessif pour sa sœur, desirant de
l'élever dans les grandeurs du monde, se
plaignoit qu'on la retenoit tantost par force, tantost par finesse & par artifice. Et
ayant pris conseil de ceux en qui il avoit
plus de creance, il se preparoit pour l'aller
mettre en liberté avec une puissante Armée.

Mais les plus sages & les plus considerables de son conseil luy remontrerent,
Qu'il ne falloit pas, sans grande raison, &
avec trop de promptitude, faire la guerre
à l'Allemagne, ou luy donner sujet de la
faire : Qu'il estoit plus à propos d'envoyer
un Ambassadeur avec un train honorable, pour demander la Princesse sa sœur,
d'une maniere qui n'eust rien de contraire à la raison & à la conduite d'un grand
Prince : & que si on la luy refusoit injustement, il en pourroit faire paroistre son
ressentiment avec justice.

En un mot, le Roy reprima les mouvemens de son cœur, quoiqu'avec peine, &
se

se rendit à ces avis. Il choisit l'un des plus grands & des plus vaillans de la Cour, qui avoit l'honneur d'estre son parent, & qui estoit passionné pour le service & pour la gloire de sa Majesté, luy donnant un grand nombre de gens de guerre, avec lesquels il arriva enfin au Monastere d'Aumont.

L'Abbé & les Religieux voyant la grande suite & les grandes forces de cet Ambassadeur, jugerent qu'on y alloit tout de bon; & estant troublez & tout effrayez, ils coururent aux armes de la priere. Ils sortirent peu aprés pour parler aux Ambassadeurs, & apprirent d'eux avec douleur, ce que le Roy leur commandoit, sçavoir ou de luy rendre la Princesse sa sœur, ou de se preparer à ressentir les plus rudes effets de la colere & de la vengeance des Hongrois.

Mais l'Abbé d'Aumont, qui estoit un homme venerable, habile, & adroit en toutes sortes de rencontres, de grand jugement, & de grande pieté, & l'honneur & l'appuy de l'Ordre Monastique, répondit ainsi en peu de mots : Nous n'avons encore fait aucune faute dans cette affaire, & nous n'en ferons point à l'avenir. Mais nous vous prions de vouloir vous repofer aujourd'huy , eftant fatiguez du chemin que vous avez fait , & demain nous tâcherons de vous donner toute la fatisfaction poffible.

Aprés cela il les traita fort bien à fouper, & avec beaucoup d'affection : & le jour fuivant il leur parla de la forte : Que ferez-vous, Meffieurs, fi vôtre Princeffe, de fon propre mouvement, refufe d'aller avec vous? L'arracherez-vous d'icy par force? Mettrez-vous la main fur elle avec violence , quelque refiftance qu'elle vous faffe? C'eft le dernier deshonneur & la plus grande honte que puiffent recevoir les perfonnes de condition Royale, d'eftre forcées contre leur volonté, & d'eftre reduites violemment fous celle d'autruy. Et il femble mefme que cela eft contraire à la condition d'une perfonne libre.

Nous demeurons d'accord de tout cela, répondirent les Ambaffadeurs. Et nous fommes auffi venus pour remettre en liberté nôtre Princeffe, fans avoir deffein de la contraindre en aucune maniere; mais plutoft de la fervir , & de l'aider à retourner en fon païs. C'eft pourquoy quand elle aura efté delivrée d'une fujettion qui eft indigne de sa naissance, & rétablie dans sa liberté, nous avoüons, qu'à quelque chose qu'elle se porte de son propre mouvement, il ne nous sera point permis, ny à vous aussi de l'empêcher de faire ce qu'il luy plaira ; & que le tres-puissant Roy de Hongrie, nostre Maistre, ne pourra pas se plaindre que sa propre sœur ait esté traitée d'une maniere contraire à l'honneur qui est deû au sang Royal.

Cette proposition fut approuvée de l'Abbé & des Religieux. De sorte qu'allans tous ensemble à l'enttée de l'Eglise, devant la porte du Monastere, dans lequel la sainte vierge estoit enfermée avec les Religieuses, ils firent comme deux corps separez, les Ambassadeurs avec les Soldats, & un grand nombre de peuple qui estoit accouru à ce spectacle, se tenant d'un costé, & l'Abbé avec ses Religieux de l'autre. On ouvre donc la porte du Cloistre, & on prie la Princesse de sortir pour voir les Ambassadeurs. Mais elle le refuse, disant qu'elle n'avoit rien à leur dire, & que suiuant la regle de la maison, elle ne passeroit jamais cette porte qu'aprés sa mort. On luy represente ce qui avoit esté accordé sur son sujet entre l'Abbé & les Ambaſſadeurs, ſavoir qu'elle ſortiroit hors du Cloiſtre; Qu'elle paroiſtroit en public; Qu'elle ſeroit miſe en liberté, & dégagée de toute contrain-te; & qu'aprés cela on laiſſeroit à ſon choix d'embraſſer le party qu'il luy plai-roit.

Ainſi cette Princeſſe dans la foibleſſe de ſon ſexe qui avoit la force & le courage d'un homme, ſe voyant reduite à une ne-ceſſité inevitable de ſortir, puiſque le dif-ferend ne pouvoit eſtre autrement termi-né, dit ces paroles en mettant le pied ſur le pas de la porte: Sainte Vierge qui eſtes ma Maiſtreſſe, ma Patrone, & ma Protectri-ce, & qui eſtes Mere de JESVS-CHRIST mon Seigneur & mon Epoux, je ne ſors qu'avec voſtre permiſſion, & que ſous voſtre conduite hors la porte de cette maiſon qui vous eſt conſacrée, eſtant re-ſoluë d'y retourner bien-toſt avec voſtre faveur,& voſtre ſecours. Je vous recom-mande ma cauſe, ô Vierge des Vierges. Et vous ſaint Blaiſe, Martyr de JESVS-CHRIST, Patron de ce Monaſtere, Sei-gneur & maiſtre de ce lieu, à qui j'ay eſté recommandée par le Roy mon Pere,& qui par l'ordre & la conduite de la divine pro-

vidence, m'avez receuë en cette maison
comme une étrangere, je vous conjure
de ne me point abandonner.

Aprés qu'elle eut dit ces paroles parmy
les larmes des Religieux & des Religieuses, elle sortit doucement & avec modestie devant tout le monde qui l'attendoit.
Les Ambassadeurs se tenant debout, &
ne quittant point leurs places, luy presen-
terent seulement & mirent devant ses
yeux pour la tenter, les habits magnifiques, la pourpre, & les pierreries qu'ils
avoient apportées pour la parer selon le
monde. Tous ceux qui estoient presens
demeuroient aussi immobiles, la regardant
attentivement pour voir ce qu'elle feroit,
sans que personne s'approchât d'elle. Cependant les Religieuses pleuroient, &
prioient ardamment, dans l'apprehension
qu'elles avoient de perdre, par quelque
malheur, un si grand ornement de leur
compagnie.

Enfin la Princesse aprés avoir fait voir
à tout le monde, en se tenant au milieu de
l'assemblée, la pleine liberté dont elle
joüissoit, & le dégagement entier de sa
personne, se tourna vers les Ambassadeurs, & se baissant avec modestie, elle

les salüa, & leur dit Adieu. Puis s'en retournant par le mesme chemin qu'elle
estoit venuë, elle commença à chanter
tout haut, d'une voix qui toucha les
cœurs de tous les assistans, & leur donna
des mouvemens d'une grande compon-
ction, cette Antienne de l'Eglise : *Regnum
mundi, & omnem ornatum sæculi contem-
psi, &c.* J'ay méprisé le Royaume du
monde, & tous ses ornemens. Les Religieuses qui l'attendoient à la porte pour-
suivirent le reste de l'Antienne avec les
Religieux qui l'accompagnerent jusqu'à
l'entrée du Cloistre, avec beaucoup de
joye, & beaucoup de larmes.

Alors tout le peuple jetta des cris d'ap-
plaudissement & de loüange jusqu'au
Ciel, benissant Dieu, de ce qu'une fille si
jeune, & de si grande naissance, avoit méprisé les delices du monde avec un courage si mâle & si genereux. Les Ambassadeurs mesme glorifierent Dieu, aussi bien
que les autres, & firent don au Monastere
de tous les riches habillemens, & de toutes
les autres choses qu'ils avoient apportées
à la Princesse pour luy servir dans le monde : & aprés avoir pris congé d'elle, &
s'estre recommandez à ses prieres, ils s'en

retournerent avec beaucoup de fatisfa_
ction & de joye, & rapporterent exacte_
ment au Roy leur Maiftre tout ce qui s'e_
ftoit paffé. Ce qui fit qu'il s'appaifa, & ne
penfa plus à détourner fa fœur de la vo_
cation que Dieu luy avoit donnée par fa
grace toute divine.

LA VIE

DE

S. EVSTACHE

MARTYR.

Traduite sur un ancien original Grec de la Bibliotheque de Monsieur le Cardinal Mazarin, donné depuis peu au public par le Pere Combefis Dominiquain, qui apporte plusieurs raisons pour monstrer que ce qui est contenu en cette Vie est veritable.

O v

LA VIE
DE
S· EVSTACHE
MARTYR.

CHAPITRE I. ·

Illuſtre naiſſance du Saint. Ses granás
emplois. Viſion qu'il eut eſtant
à la chaſſe.

V temps de l'Empereur Trajan,
lors que le culte des faux dieux
eſtoit dans ſa plus grande vigueur , un Seigneur nommé
Placide qui excelloit en l'art de
la guerre , & paſſoit pour l'un des plus

O vj

heureux Capitaines du monde, eſtoit General de ſes Armées. Sa naiſſance eſtoit
tres-illuſtre ; & nul particulier ne l'égaloit
en richeſſes. Quoiqu'il fuſt idolâtre, on
voyoit éclater la juſtice dans toutes ſes
actions. Sa douceur eſtoit extréme, & ſon
humeur tres-bien faiſante. Dieu qui ne
vouloit point laiſſer ſans recompenſe tant
de bonnes qualitez, ne pût ſouffrir qu'il
demeuraſt plus long-temps dans les tenebres de l'idolâtrie : mais ſuivant ces paroles de l'Ecriture : Que celuy qui le craint
& fait des actions de juſtice, luy eſt agreable, de quelque nation qu'il puiſſe eſtre,
il le regarda d'un œil favorable, & touché
de compaſſion reſolut de le ſauver.

Comme il aimoit fort la chaſſe, & que
c'eſtoit ſon plus agreable divertiſſement;
un jour qu'il alloit pour ce ſujet fort accompagné dans les montagnes, il rencontra une grande harde de Cerfs, entre leſquels il y en avoit un d'une grandeur toute extraordinaire qui ſe ſepara des autres.
La curioſité de le voir de plus prés, & de
ſçavoir ce qu'il deviendroit, fit que Placide laiſſant les ſiens continuër leur chaſſe,
ſe mit à le ſuivre à toute bride avec un
fort petit nombre de gens, qui le quitte-

rent tous l'un aprés l'autre, parceque
leurs chevaux n'en pouvoient plus. Ce
qui ne l'empeſcha pas de s'opiniâtrer à
cette pourſuite : & Dieu permit que ſon
cheval eut aſſez d'haleine pour y four-
nir. Enfin il vit le Cerf s'arreſter ſur le
haut d'une roche ; & comme il penſoit
aux moyens de l'aborder, Dieu qui par
ſon infinie bonté vouloit le prendre
dans cette chaſſe, ſe ſervit pour cela,
non pas du miniſtere d'un autre, ainſi
qu'autrefois de celuy de S. Pierre pour
convertir Corneille ; mais en ſe mon-
trant luy-meſme à luy, comme il ſe
monſtra à S. Paul lors qu'il le perſe-
cutoit. Placide eſtant donc en l'eſtat que
je viens de dire, & admirant la grandeur
prodigieuſe de ce Cerf, ſans ſçavoir
comment aller à luy, il apperceut au
milieu de ſon bois une Croix plus écla-
tante que le Soleil, & l'Image de JE-
SVS-CHRIST noſtre Sauveur qui y
eſtoit attaché : & puis entendit une
voix luy dire : Placide, pourquoy me «
perſecutes-tu en perſecutant ce Cerf, «
dont j'ay voulu me ſervir pour me mon- «
trer à toy, afin que deſormais tu ſois tout «
à moy, parce que tes bonnes œuvres me «

« font agreables ? Placide fut fi épouventé
de cette vifion & de ces paroles , qu'il fe
laiffa tomber de cheval ; & aprés eftre
« revenu à luy , il dit : Quelle eft cette
« voix que j'entens ? Dites-le-moy qui
» que vous foyez qui me parlez de la for-
» te, afin que le fçachant je croye en vous.
» Noftre Seigneur luy répondit : Je fuis
« J E S V S - C H R I S T qui ay creé de rien
» tout le monde , qui avec un peu de terre
» ay formé l'homme , & qui pour procu-
» rer fon falut ay pris une chair humaine,
» ay efté crucifié , mis dans le tombeau, &
» fuis refufcité le troifiéme jour. Placide
» à ces mots fe profterna contre terre , &
» dit : Je croy , Seigneur , que vous avez
» creé toutes chofes , que vous relevez
» ceux qui font tombez, & rendez la vie
» aux morts. Puis que vous croyez en moy,
» luy dit J E S V S - C H R I S T, allez dans la
» ville trouver un Preftre Chrétien, afin de
» recevoir par luy la grace que confere le
» Baptefme.

CHAPITRE II.

Le Saint est baptisé avec sa femme & ses deux fils, & change son nom de Placide en celuy d'Eustache. Seconde vision qu'il eut. Il se trouve tout d'un coup entierement ruiné.

PLacide estant retourné chez luy, & ayant raconté à sa femme ce qui luy estoit arrivé ; à peine luy donna-t-elle le loisir d'achever, que toute hors d'elle-mesme elle luy dit : Ne dou- " tez point que celuy qui vous est apparu " ne soit le Dieu des Chrétiens, & le seul " Dieu veritable. Puis s'écria : JESVS- " CHRIST, mon Seigneur ayez pitié de " moy & de mes enfans. Elle dit en suite à " Placide : JESVS-CHRIST m'est aussi " apparu cette nuit, & m'a dit : Vostre " mary, vous, & vos enfans apprendrez " que je suis JESVS-CHRIST, & croi- " rez en moy. "

Sur le minuit ils allerent secrettement avec leurs deux enfans trouver un Pre-

stre, luy raconterent tout ce qui s'estoit
passé, protesterent entre ses mains qu'ils
croyoient en JESVS-CHRIST, & le
prierent de les recevoir au nombre de
ceux qui sont à luy. Ce bon-homme
tout transporté de joye, & ne se pouvant
lasser de donner des loüanges à Dieu,
qui veut que tous les hommes soient
sauvez & viennent à la connoissance
de la verité, les instruisit des mysteres
de la Foy, & puis les baptisa au nom du
Pere, & du Fils, & du saint Esprit. Il
changea le nom de Placide en celuy d'Eustache, donna à sa femme celuy de
Theopistie, & à ses deux enfans ceux
d'Agape & de Theopiste. Il leur fit recevoir en suite le Corps & le Sang de
JESVS-CHRIST Nostre Seigneur, &
leur dit en se separant d'eux : Je voy que
» JESVS-CHRIST nostre Dieu est avec
» vous. Sa bonté continuëra de vous assi-
» ster & vous donnera part à son Royau-
» me. Lors que vous y serez, souvenez-
» vous je vous prie de Jean ce pauvre pe-
» cheur qui vous parle.

Le lendemain dés le point du jour Eustache suivy de peu de gens, retourna au
lieu où il avoit eu cette vision; & s'estant

défait de tous les ſiens, ſous pretexte de la chaſſe, la meſme choſe luy apparut une ſeconde fois. Il s'écria : JESVS-CHRIST mon Seigneur, je me jette " entre vos bras. Car je ſçay que vous " eſtes le Fils du Dieu vivant. Je croy au " Pere, au Fils, & au S. Eſprit, & je vous " conjure, mon Dieu, de me faire recevoir " l'effet de vos divines promeſſes. Une " voix luy répondit : Tu és heureux Euſta- " che, d'avoir acquis l'immortalité par " l'effuſion de ma grace que tu as receuë " dans le Bapteſme. Mais comme elle t'a " affranchy de la ſervitude du Diable, tu " dois te preparer à ſoûtenir avec tant de " courage les efforts de ſa fureur, que tu en " demeures victorieux. Il n'y aura point " de maux qu'il ne te faſſe ſouffrir : mais " je viendray à ton ſecours, & ce ſera " par ces ſouffrances que tu remporteras " une glorieuſe couronne. "

Quelques jours aprés une peſte ſi violente ſe mit dans la maiſon d'Euſta-che, qu'elle fit mourir tous ſes ſerviteurs, & meſme tous ſes chevaux. Il receut ce-la avec patience ; & pour ne s'expoſer pas volontairement dans un ſemblable peril, il ſe retira avec ſa femme & ſes deux fils. Ce qui ayant esté sceu: des gens qui ne faisoient conscience de rien, entrerent la nuit dans sa maison, & pillerent generalement tout ce qui y estoit.

Il se rencontra que le lendemain on faisoit une réjoüissance solemnelle acause de la victoire remportée sur les Perses. Et comme Eustache estoit obligé par sa charge de General de l'Armée & de premier d'entre les Senateurs de s'y trouver avec les principaux Officiers de guerre, on fut fort surpris de ne l'y point voir; mais encore davantage, d'apprendre qu'il estoit entierement ruiné. L'Empereur en témoigna de la douleur : tout le Senat en fut touché, & il n'y eut personne qui ne s'étonnast d'un si étrange accident.

CHAPITRE III.

Le Saint se retire en Egypte, & par quels éteanges accidens il perd sa femme & ses enfans.

LA femme d'Eustache luy dit : Puis "
qu'en l'estat où il a plû à Dieu de "
nous reduire, nous serions le sujet du "
mépris de tout le monde, que tardons- "
nous icy davantage ? Retirons-nous avec "
nos enfans, qui est la seule chose qui "
nous reste. "

Ils partirent donc pour s'en aller en Egypte : & aprés avoir marché deux jours, ils s'embarquerent sur un vaisseau qui estoit prest à faire voile. Comme la femme d'Eustache estoit parfaitement belle, le maistre de ce vaisseau en devint passionnément amoureux, & resolut de l'épouser. Ainsi Eustache n'ayant point d'argent pour payer son passage, il la retint sous ce pretexte, quelque resistance qu'il pust faire.

Ne luy restant donc que ses deux fils,

il les emporta, & s'en alla le cœur outré de douleur. Un fleuve qu'il luy falloit paſser eſtant débordé, la crainte de perdre ſes deux enfans l'obligea d'en laiſſer un. Il mit l'autre ſur ſes épaules, paſſa la riviere à nage, & aprés l'avoir mis ſur le bord du fleuve, il retourna pour prendre l'autre. Lors qu'il fut au milieu de l'eau, il vit un lion qui l'emportoit : & tournant les yeux de l'autre coſté ſur celuy qui luy reſtoit, il apperceut un loup qui l'emportoit auſſi de la meſme ſorte.

Deux accidens ſi terribles arrivez en meſme moment, joints à la douleur inſupportable de la perte de ſa femme, le reduiſirent en tel eſtat, que la ſeule aſſiſtance de Dieu l'empeſcha de tomber dans le deſeſpoir. Mais ſon infinie bonté le ſoûtint, & ſon adorable providence conſerva ſes deux enfans. Car des Bergers voyant le lion emporter l'enfant, lâcherent aprés luy leurs chiens qui le luy firent quitter, ſans qu'il luy euſt fait aucun mal. Et d'autre coſté, des Laboureurs voyant le loup emporter l'autre, firent tant de bruit, que la peur le luy fit auſſi abandonner : & les

uns & les autres éleverent feparément
ces pauvres enfans.

Le Saint eftant donc dans la defola-
tion que l'on peut s'imaginer , mais fe
confiant toûjours neanmoins en Dieu,
il arriva dans un Bourg nommé Badi-
fe , où il gagnoit fa vie de fon travail.
Il y demeura quinze ans , & fe fit fi
fort aimer de tout le monde , qu'ils le
commirent à la garde de leurs fruits.

CHAPITRE IV.

L'Empereur Trajan ayant une gran-
de guerre fur les bras , fait cher-
cher par tout Euftache , qu'il ne
connoiffoit que par le nom de Pla-
cide. On le trouve ; & il luy re-
donne le commandement de fon ar-
mée.

SEs deux fils , comme je l'ay dit , eftoient nourris dans un autre Bourg,
fans fçavoir qu'ils fuffent freres. Et
quant à fa femme, Dieu fe laiffant fléchir à fes prieres , conferva par une

grace particuliere fa pudicité : ce Capitaine de vaiſſeau mourut, & elle fut delivrée de ſes craintes.

Au bout de ces quinze années , les
Barbares dans le païs de qui elle eſtoit,
ſe revolterent, & firent de grands raua-
ges dans les Provinces de l'Empire Romain. Cela renouvella encore à Trajan
le ſouvenir de Placide , dautant qu'il
avoit remporté par ſa conduite de grands
avantages ſur ces meſmes ennemis. Ainſi repaſſant dans ſon eſprit la grandeur
de ſon merite , il s'enqueroit de luy à
tout le monde, & il le fit chercher de
tous coſtez , avec promeſſe de grandes
recompenſes à ceux qui le trouveroient.
Il y envoya entr'autres Antiochus, &
Achaz, qui avoient ſous ſon commandement fait autrefois dans la guerre des
actions ſignalées. Aprés une fort longue
recherche , enfin ils arriverent au lieu
où il eſtoit, & le trouverent dans l'oc-
cupation où la miſere l'avoit reduit. Il
ne les eut pas plutoſt apperceus qu'il ſe
douta que c'eſtoit eux. Cette penſée rap-
pellant dans ſon eſprit la memoire de
l'eſtat où il s'eſtoit veu ſi different de
celuy où il ſe trouvoit, il fut touché de

douleur, & fit à Dieu cette priere : Sei- «
gneur, qui estes le Dieu des misericor- «
des, & qui delivrez de leurs peines ceux «
qui mettent toute leur confiance en «
vous, faites je vous prie que comme «
lors que j'y pensois le moins, je voy ces «
deux hommes que j'ay autrefois tant «
connus, je puisse un jour revoir ma «
femme : Car quant à mes enfans je n'o- «
serois l'esperer en cette vie, aprés avoir «
veu de mes propres yeux des bestes fa- «
rouches les emporter. Mais faites au «
moins, ô JESVS-CHRIST mon Sau- «
veur qui estes le Dieu veritable, que je «
joüisse de ce bon-heur aprés la resurre- «
ction. «

Il n'eut pas plutost achevé ces paroles, qu'il entendit une voix du Ciel luy
dire : Eustache prens courage, te voila «
sur le poinct de rentrer dans ta premiere «
condition, & de recouvrer ta femme & «
tes enfans. Mais tu auras bien d'autres «
joyes aprés la resurrection : car tu pos- «
federas des biens eternels, & ton nom «
sera glorieux dans tous les siecles. «

Eustache saisi d'étonnement descendit
du lieu où il estoit, alla au devant de ces
Cavaliers, & quand il fut proche d'eux

il les reconnut. Mais eux ne le connoif-
„ fant point luy dirent : Mon amy, n'avez-
„ vez-vous point veu icy un étranger avec
„ fa femme & deux enfans. Car fi vous
„ pouvez nous l'enfeigner, nous vous re-
„ compenferons fort bien. Il leur répondit:
„ Je n'ay point veu d'étranger qui foit
„ venu icy avec une femme & deux en-
„ fans. Mais comme je fuis moy mefme
„ étranger, je vous fupplie de ne loger
„ point ailleurs que dans la maifon où je
demeure. Il les mena en fuite chez fon
Maiftre, & le pria de luy donner de quoy
les bien recevoir, parce qu'ils eftoient
de fa connoiffance. Ce qu'il luy accorda fans peine, & Euftache leur rendit
toutes fortes de devoirs. Mais ces nouveaux hoftes le faifant de plus en plus
fouvenir de fa premiere condition, il
eftoit quelquefois contraint de fortir
pour jetter des larmes, & puis revenoit
les fervir avec un vifage guay. Eux à
force de le regarder, commencerent ce
leur fembloit à le connoiftre, & ils fe
„ difoient l'un l'autre : Que cét homme
„ reffemble à celuy que nous cherchons!
„ L'un d'eux ajoûta : Je fçay pour l'a-
„ voir veu que Placide a une cicatrice au
cou

cou d'une bleſſure qu'il a receuë à la guerre, & nous ne pourrons manquer de le reconnoiſtre à cette marque. Ils le conſidererent attentivement, & virent la cicatrice. Auſſi-toſt ils ſe jetterent à ſon cou tout fondans en larmes, & luy dirent : N'eſtes-vous pas Placide Gene-ral de l'Armée de l'Empereur, ſous qui " nous avons eſté à la guerre ? Il ne put " alors non plus qu'eux retenir ſes pleurs : " mais il ne pouvoit neanmoins ſe reſou-dre d'avoüer que c'eſtoit luy. Enfin il y fut contraint, & leur dit de quelle ſorte il avoit perdu ſa femme & ſes enfans.

Le bruit de cecy s'eſtant répandu, tout le peuple accourut, & ces Cavaliers leur dirent quel eſtoit celuy qu'ils avoient ſi long-temps veu parmy eux : ce qui les toucha extrémement. Ils luy declare-rent en ſuite l'ordre qu'ils avoient receu de l'Empereur, & reveſtirent Euſtache d'un habit qu'ils avoient apporté. Tous ces habitans le conduiſirent avec grand honneur dans la ville d'où ils dépen-doient.

Il ſe rendit dans quinze jours avec ces Cavaliers prés de l'Empereur, qui le re-ceut avec des témoignages d'affection

P.

tout extraordinaires, & luy demanda la cauſe de ſa retraite. Il la luy dit & au Senat , comme auſſi de quelle ſorte il avoit perdu ſa femme ſur la mer , veu ſes enfans luy eſtre ravis , & tous les maux qu'il avoit depuis ſoufferts.

L'Empereur luy commanda de rentrer dans l'exercice de ſa Charge. Il fit la reveuë de l'Armée , & la trouvant trop foible pour l'oppoſer à ces Barbares , il propoſa à ſa Majeſté de faire de nouvelles levées. On envoya pour cela de tous coſtez : & l'un des Commiſſaires eſtant allé dans le Bourg où les enfans d'Euſtache avoient eſté élevez, les habitans les leur preſenterent, acauſe qu'eſtans étrangers , ils aimoient mieux les donner que leurs enfans , & il les receut tres-volontiers , parce qu'ils eſtoient fort grands , tres bien faits, & de bonne mine. Euſtache faiſant la reveuë de cette nouvelle milice, trouva ces deux jeunes hommes ſi à ſon gré, qu'il les retint pour eſtre à luy : & comme il remarqua en eux une certaine nobleſſe d'ame qui les luy faiſoit eſtimer,& que la force du ſang ſe joignit encore à cela,il les prit en telle affection , qu'il les fit manger à ſa table.

CHAPITRE V.

De quelle sorte S. Eustache retrouve &
reconnoist sa femme & ses deux fils.

L'Armée Romaine estant en estat,
Eustache se mit en campagne, & ne
chassa pas seulement les Barbares, mais
il passa le fleuve d'Hydaspe, & les poursuivit bien avant dans leur païs : ce qui
fut peut-estre un effet de la providence
de Dieu, pour luy donner le moyen de
recouvrer sa femme, qui aprés son in-
fortune passoit sa vie en ce païs-là dans
la maison d'un jardinier qu'elle servoit.
Eustache ayant pris la ville où elle demeuroit, il y sejourna deux jours pour
faire raffraischir son Armée, qui estoit
fort fatiguée.

Durant la chaleur du jour, les deux
freres estans allez par hazard se prome-
ner dans le jardin du logis où leur mere
demeuroit, & s'entretenant de leurs
avantures dont ils avoient quelque souvenir confus, leur mere qui se rencontra
assez proche d'eux les écoutoit attenti-

vement, quoiqu'elle n'en fiſt pas ſem-
blant. Le plus âgé dit au plus jeune. Le
plus loin dont je me puis ſouvenir eſt
» d'avoir entendu dire que mon pere eſtoit
» General d'Armée, & que ma mere eſtoit
a parfaitement belle. Nous eſtions deux
» freres, dont j'eſtois le plus âgé. Mon
» pere & ma mere nous emporterent de
» nuit hors de la maiſon, nous amenerent
» je ne ſçay où, & puis nous mirent dans
» un vaiſſeau. Je ne ſçay ce que ma mere
» devint; mais je me ſouviẽs bien que mon
» pere nous emporta tous deux, & qu'il
» pleuroit étrangement en chemin. Je me
» ſouviens auſſi qu'ayant rencontré une
» riviere, il me laiſſa ſur le bord, prit mon
» frere ſur ſes épaules, & le paſſa à nage :
» que comme il revenoit pour me pren-
» dre un lion m'emporta, & que lors qu'il
» s'enfuyoit dans le bois, des Bergers luy
» firent quitter priſe, puis me menerent
» dans le Bourg où vous ſçavez que j'ay
» eſté élevé. Quant à ce que ſont devenus
» mon pere & mon frere, c'eſt ce que je
» ne ſçaurois vous dire. A ces mots le
» plus jeune treſſaillir de joye, & dit en
» pleurant : Je ſuis voſtre frere. Car ceux
» qui m'ont élevé m'ont raconté qu'ils

m'avoient arraché de la gueule d'un loup «
qui m'avoit pris ſur le bord de la riviere. «
En parlant ainſi il ſe jetta à ſon cou, &
ils ne pouvoient tous deux ſe laſſer de
s'embraſſer. Leur mere voyant cela, &
ſçachant que juſques à ce qui s'eſtoit
dit de ſa ſeparation d'avec ſon mary &
ſes enfans dans le vaiſſeau, il n'y avoit
rien de plus veritable, elle ſentit ſes entrailles s'émouvoir d'une telle ſorte,
qu'elle fut toute preſte à leur declarer
qui elle eſtoit. Neanmoins elle ſe retint.
Mais le lendemain elle alla trouver Euſtache, & luy dit: Monſeigneur eſtant
Romaine, & ayant juſqu'icy eſté eſcla- «
ve, je vous ſupplie qu'aprés m'avoir af- «
franchie de ſervitude par la priſe de cet- «
te ville, vous vueilliez avoir la bonté «
de me faire remener en mon païs. En luy «
parlant ainſi, elle conſideroit attentivement les marques qu'elle ſçavoit qu'il
avoit. Les ayant reconnuës, elle ſe jetta
à ſes pieds, & luy dit: Je vous ſupplie,
Monſeigneur, de pardonner à ma har- «
dieſſe, de m'écouter favorablement, & «
de ne dédaigner pas de me dire qui vous «
eſtes, & quel vous avez eſté. Car je croy «
certainement par les ſignes que je voy «

» en vous, que vous estes Placide Gene-
» ral de l'Armée de l'Empereur, qui aprés
» que J E S V S - C H R I S T vous fut apparu
» lors que vous pourſuiviez un Cerf, &
» que vous euſtes crû en luy, changeâ-
ᴃ tes dans le ſaint Bapteſme le nom de
» Placide en celuy d'Euſtache,& puis ſouf-
» frîtes des afflictions qui vous mirent en
» tel eſtat que vous vous trouvâtes reduit
» à vous enfuïr en Egypte avec voſtre
» femme & vos deux fils, dont l'un ſe
» nommoit Agape, & l'autre Theopiſte:
» & le maiſtre du vaiſſeau dans lequel
» vous paſsâtes emmena voſtre femme en
» ce païs-cy. Mais je vous jure par le Dieu
» vivant que ſa divine aſſiſtance l'a toû-
» jours conſervée pure & chaſte.

Durant qu'elle parloit de la ſorte, Euſtache la conſideroit attentivement, &
l'ayant reconnuë il fut ſi tranſporté de
joye,qu'il l'embraſſa en verſant des ruiſſeaux de larmes. Elle ne fut pas moins
touchée de ſon coſté, & tous deux enſemble rendirent des actions infinies de
graces à Dieu qui retire les ſiens quand
il luy plaiſt des maux où ils ſembloient
eſtre abiſmez. Elle luy dit enſuite,
Monſieur,que ſont devenus nos enfans?

Il luy répondit en jettant un profond
foûpir : Des beftes farouches me les "
ont ravis, & luy conta de quelle forte "
cela eftoit arrivé. Confions-nous en "
Dieu, luy repartit-elle ; car comme il "
luy a plû de faire que nous nous foyons "
retrouvez, il voudra peut-eftre par un "
effet de fa mefme bonté, nous faire trou- "
ver auffi nos enfans. Elle luy conta aprés "
cela ce qu'elle avoit entendu dire à ces
deux jeunes hommes dans le jardin, &
comme ils s'eftoient reconnus. Auffi-
toft il les envoya querir; & quand il les
eut entendu parler, il ne douta plus qu'ils
ne fuffent fes enfans.

CHAPITRE VI.

Saint Euftache retourne triomphant à
Rome, & y fouffre le Martyre avec
fa femme & fes deux fils.

LE bruit d'un évenement fi extraordinaire & fi admirable s'eftant répandu
dans toute l'Armée, elle en témoigna plus
de joye que de la défaite des Barbares. Et
ce non moins heureux que glorieux General, aprés avoir par une fignalée victoire

reduit toute cette contrée sous le joug de l'Empire Romain, s'en retourna à Rome chargé de dépoüilles, & suivy d'un tres-grand nombre de captifs.

Avant qu'il y arrivaſt Trajan mourut, & Adrian luy ſucceda. Il n'eſtoit pas ſeulement idolâtre ; mais il ſurpaſſoit tous ſes predeceſſeurs en impieté. Il alla ſelon la coûtume au devant d'Euſtache, & ſolemniſa ſon triomphe avec de grandes magnificences. Il loüa fort ſes hautes & ſignalées actions, & n'oublia pas au milieu des feſtins, de luy témoigner ſa joye de ce qu'il avoit retrouvé ſa femme & ſes enfans. Il voulut enſuite ſacrifier aux Dieux pour leur rendre graces ; & eſtant entré pour cela dans le temple d'Apollon, Euſtache au lieu de le ſuivre demeura à la porte. Il le fit venir, & luy demanda pourquoy luy qui devoit eſtre le premier à remercier les Dieux de la victoire qu'ils luy avoient donnée, & de la grace qu'ils luy avoient faite de recouvrer ſa femme & ſes enfans, ne s'acquitoit point de ce devoir. Il luy répondit : C'eſt à JESVS-CHRIST ſeul que je rends mes actions de graces de tant de bienfaits. Car je ne connois & n'adore plus d'autre Dieu que luy, & ſon Pere

Éternel qui d'une ſeule parole a creé le monde.

L'Empereur irrité de cette réponſe, le fit arreſter avec ſa femme & ſes enfans pour leur faire leur procez. Et aprés avoir reconnu que leur conſtance & leur foy en JESVS-CHRIST eſtoient fermes & inébranlables, il fit lâcher un lion contr'eux dans un lieu fermé de barrieres. Mais ce furieux animal au lieu de ſe jetter ſur les Saints, baiſſa la teſte ; ſes longs crins trainant ainſi contre terre, comme s'il euſt voulu les adorer ; & en les quittant, il s'efforça de ſauter par deſſus la barriere.

L'Empereur étonné d'un évenement ſi extraordinaire, commanda qu'on fiſt rougir avec le feu un bœuf d'airain, & qu'on les y jettaſt tous quatre. Tous les Payens, & ce qu'il y avoit de fideles s'aſ-ſemblerent pour voir un ſpectacle ſi horrible. Les Saints ne demanderent autre grace aux Bourreaux, que de pouvoir faire leurs prieres ; & Euſtache levant les mains au Ciel parla au nom de tous en ces termes.

Grand Dieu, qui bien qu'inviſible « avez daigné par une faveur toute extra- «

» ordinaire vous rēdre viſible à mes yeux,
» je vous rēds graces de ce qu'il vous a plū
» d'exaucer mes prieres, en nous raſſem-
» blant tous quatre aprés une ſi longue ſe-
» paration. Et de cette autre grace encore
» plus grande que vous nous faites, de par-
» ticiper au bon-heur des Saints, en ſouf-
» frant la mort pour la confeſſion de voſtre
» nõm. Aſſiſtez-nous, grand Dieu, comme
» vous aſſiſtâtes les trois Enfans dans la
» fournaiſe de Babylone, & faites qu'au
» lieu que voſtre divin pouvoir empécha
» les flammes de les conſumer, celles-cy
» en nous conſumant nous rendent des
» hoſties qui vous ſoient à jamais agrea-
» bles.

En achevant ces paroles ils entendi-
rent tous quatre une voix du Ciel qui
„ leur dit : Voſtre priere eſt exaucée. Cela
les ayant comblez de conſolation, ils entrerent dans cette machine ardante avec
joye, & en chantant les loüanges de la
tres-ſainte Trinité. Le feu par un miracle
inoüy ne conſerva de force que ce qui
eſtoit neceſſaire pour les priver d'une
vie mortelle, afin de leur en acquerir une
eternelle par la conſommation de leur
Martyre, & les reſpecta en tout le reſte.

Trois jours aprés ce tres impie Empereur fit ouvrir en ſa preſence cette machine d'airain. pour voir en quel eſtat eſtoient reduits les corps des Saints. On les trouva ſi entiers, que chacun crût d'abord qu'ils vivoient encore. Mais aprés qu'on les eut tirez de là, & étendus par terre, tout le monde fut ſurpris d'étonnement de voir qu'ils eſtoient plus blancs que la neige, & qu'il n'y avoit pas eu ſeulement un de leurs cheveux brûlé. L'Empereur ſe retira tout épouventé, & pluſieurs d'entre le peuple s'écrierent : Le Dieu des Chrétiens eſt " le grand Dieu. JESVS-CHRIST eſt le " ſeul Dieu veritable; & nul autre que luy " n'a le pouvoir de conſerver ceux qui ſont " à luy. "

Les Chrétiens enleverent ſecrettement les corps de ces ſaints Martyrs, & les mirent en un lieu honorable : puis quand la perſecution fut ceſſée, on les tranſporta dans des Chapelles que l'on baſtit en leur honneur. Leur Martyre arriva le 20. jour de Septembre.

FIN.